AF659787

भारत रत्न

नानाजी देशमुख

राकेश कुमार

डायमंड बुक्स

www.diamondbook.in

प्रकाशक: डायमंड पॉकेट बुक्स (प्रा.) लि.
X-30, ओखला इंडस्ट्रियल एरिया, फेज-II
नई दिल्ली- 110 020
फोन : 011-40712200
ई-मेल : sales@dpb.in
वेबसाइट : www.diamondbook.in

BHARAT RATNA: NANAJI DESHMUKH
By : *Rakesh Kumar*

प्रकाशकीय

साहित्य समाज का दर्पण कहलाता है, लेकिन बहुत से साहित्यकारों का मानना है कि साहित्य समाज को दिशा देने वाली मशाल भी है। साहित्य समाज में उच्चकोटि का चरित्र निर्माण करता है।

डायमण्ड बुक्स पिछले छह दशक से साहित्य, कला और संस्कृति से सम्बन्धित पुस्तकें प्रकाशित करता आ रहा है। इसके साथ ही भारत की महान विभूतियों का भी जीवन चरित्र, संघर्ष और उनका प्रेरणादायी व्यक्तित्व, पाठकों तक दर्जन-भर भारतीय भाषाओं में पहुंचा रहा है।

इसी श्रृंखला में भारत रत्न नानाजी देशमुख पर आधारित यह पुस्तक आप सभी पााठकों के सामने है।

भारतीय जनसंघ के नेता तथा शिक्षा, स्वास्थ्य व ग्रामीण स्वावलम्बन के क्षेत्र में अनुकरणीय योगदान के लिए पदम् विभूषण भारत रत्न से सम्मानित नानाजी देशमुख एक सच्चे देशभक्त थे। वे जीवन पर्यन्त दीनदयाल शोध संस्थान के अन्तर्गत चलने वाले विविध प्रकल्पों के विस्तार हेतु कार्य करते रहे। अटल बिहारी वाजपेयी सरकार ने उन्हें राज्यसभा का सदस्य मनोनीत किया। देशभक्ति की भावना से प्रेरित हो 1930 के दशक में वे आरएसएस में शामिल हो गये। 1947 में उन्होंने देश की जनता को जागरूक करने के लिए आरएसएस द्वारा निकाले गए 'राष्ट्रधर्म' और 'पांचजन्य' (साप्ताहिक समाचार पत्र) तथा 'स्वदेश' नामक हिन्दी समाचार पत्र का मार्गदर्शन भी किया।

देशमुख जी अपने कहे गए वचनों के प्रति इतने कटिबद्ध थे कि 1977 में जब मोरारजी देसाई प्रधानमंत्री बने थे, तब जनता पार्टी की सरकार के मंत्रिमंडल में उन्हें शामिल किया गया था, परन्तु उन्होंने यह कहकर कि 60 वर्ष से अधिक आयु के लोग सरकार से बाहर रह कर समाज सेवा

का कार्य करें तो बेहतर है, मंत्री-पद ठुकरा दिया था। अपने कहे अनुसार उन्होंने 60 साल की उम्र में सक्रिय राजनीति से संन्यास लेकर नए आदर्श की स्थापना की। बाद में उन्होंने अपना पूरा जीवन सामाजिक और रचनात्मक कार्यों में लगा दिया।

नानाजी ग्रामीण शिक्षा स्तर में सुधार लाना चाहते थे, इसलिए उन्होंने चित्रकूट में चित्रकूट ग्रामोदय विश्वविद्यालय की स्थापना की। यह भारत का पहला ग्रामीण विश्वविद्यालय है और वे इसके पहले कुलाधिपति थे, अपने सामाजिक सेवाकार्यों के तहत उन्होंने गरीबी निरोधक व न्यूनतम आवश्यकता कार्यक्रम चलाया, जिसके अन्तर्गत कृषि, कुटीर उद्योग, ग्रामीण स्वास्थ्य और ग्रामीण शिक्षा पर विशेष बल दिया। राजनीति से हटने के बाद उन्होंने अपने संस्थान 'दीनदयाल शोध संस्थान' के अध्यक्ष का पद संभाला। बेरोजगारी और कृषि संबंधी परेशानियों को दूर करने के लिए उन्होंने एक परियोजना की शुरुआत की, जिसका उद्देश्य था-'हर हाथ को काम और हर खेत को पानी।'

नानाजी देशमुख ने एकात्म मानववाद के आधार पर ग्रामीण भारत के विकास की रूपरेखा बनायी। वे ग्रामीण लोगों के जीवन स्तर को सुधारना चाहते थे। जिसके तहत नानाजी ने गांवों के स्वास्थ्य, सुरक्षा, शिक्षा, कृषि, आय, संसाधनों के संरक्षण व सामाजिक विवेक के विकास के लिए एकात्म कार्यक्रम की शुरुआत भी की थी।

नानाजी के कार्यों को देख तत्कालीन राष्ट्रपति ए.पी.जे. अब्दुल कलाम ने उनकी और उनके संगठन दीनदयाल शोध संस्थान की भरपूर प्रशंसा की। उन्होंने कहा कि इस संस्थान की मदद से गांवों में सद्भावना का प्रचार-प्रसार भी हुआ। परिणामतः गांव मुकदमा मुक्त विवाद सुलझाने के आदर्श बन गये।

नानाजी ने अपने संस्थान की बेहतरी में अपना सारा समय अर्पित कर दिया था। नानाजी देश के प्रथम व्यक्ति थे, जिन्होंने लोक सेवा हेतु अपना जीवन तो समर्पित किया ही, मरने के बाद भी अपने मृत शरीर को जलाने की बजाय छात्रों के मेडिकल शोध हेतु दान करने का वसीयतनामा (इच्छा पत्र) अपनी मृत्यु से काफी समय पूर्व 1997 में ही लिखकर दे दिया था,

जिसका सम्मान करते हुए उनका शव अखिल भारतीय आयुर्विज्ञान संस्थान, नई दिल्ली को सौंप दिया गया।

यह पुस्तक नानाजी देशमुख को समर्पित एक विनम्र श्रद्धांजलि है हमारी, जो उनके महान व्यक्तित्व की गरिमा से देशवासियों को परिचित करवाती है। इतिहास के ऐसे होनहार व अद्‌भुत व्यक्तित्व से सभी देशवासियों का परिचय हो, यही हमारा लक्ष्य है।

आशा करता हूं कि यह पुस्तक सभी को बहुत पसंद आएगी।

नरेन्द्र कुमार वर्मा
nk@dpb.in

लेखकीय

नानाजी देशमुख की जीवनी पर आधारित पुस्तक 'भारत रत्न नानाजी देशमुख' को लिखने का सौभाग्य मुझे डायमंड पब्लिकेशन हाउस के चेयरमैन श्री नरेन्द्र कुमार वर्मा जी ने प्रदान किया है। इस पुस्तक को लिखकर मैं अत्यंत उत्साहित हूं कि मुझे भारतीय जनसंघ के एक महान नेता, राष्ट्रीय स्वयंसेवक संघ के एक सक्रिय सदस्य, 'राष्ट्रधर्म' और 'पांचजन्य' 'साप्ताहिक समाचार पत्र' के मार्गदर्शक तथा शिक्षा, स्वास्थ्य व ग्रामीण स्वावलम्बन के क्षेत्र में अपने अनुकरणीय योगदान के लिए प्रख्यात भारत रत्न से सम्मानित श्री नानाजी देशमुख के बारे में लिखने का अमूल्य अवसर प्राप्त हुआ। एक ऐसे महान व्यक्ति, जिन्होंने लोकसेवा हेतु अपना समस्त जीवन तो समर्पित करा ही, मृत्योपरांत अपने मृत शरीर को भी मेडिकल छात्रों के शोध हेतु दान करने का वसीयतनामा, अपनी मृत्यु से काफी समय पहले ही 1997 में लिखकर दे दिया था, यह भी उनके महान व्यक्तित्व के विशालता की एक बानगी थी।

वे सेवा और सरलता की मिसाल थे। वे मन से गांधी और तन से जे.पी. थे। वे जो कहते थे, वही करते थे, वे अपने कहे गए वचनों के प्रति इतने कटिबद्ध थे कि 1977 में जब मोरारजी देसाई प्रधानमंत्री बने थे, तब जनता पार्टी की सरकार के मंत्रीमंडल में उन्हें शमिल किया गया था, परन्तु उन्होंने यह कहकर कि 60 वर्ष से अधिक आयु के लोग सरकार से बाहर रह कर समाज सेवा का कार्य करें तो बेहतर है, मंत्री-पद ठुकरा दिया था। वे अपने वचन के प्रति इतने कटिबद्ध थे कि उन्होंने 60 साल की उम्र में सक्रिय राजनीति से संन्यास लेकर नये आदर्श की स्थापना की।

यह सब उनकी सच्ची देशभक्ति और महान व्यक्तित्व का ही एक नवीनतम आयाम था, जिनसे प्रेरणा लेकर हम भी अपने जीवन को आदर्श बना सकते हैं।

नानाजी देशमुख को 2019 में भारत रत्न से सम्मानित किया जा चुका है। इस पुस्तक के माध्यम से पाठक वर्ग उनके व्यक्तित्व को समझ सकते हैं।

- राकेश कुमार

विषय सूची

अभावों भरा जीवन

> नानाजी का जन्म महाराष्ट्र के हिंगोली जिले के कडोली नामक छोटे से कस्बे में मराठा परिवार में 11 अक्टूबर, 1916 को हुआ था। उनके परिवार की आर्थिक स्थिति ठीक न होने के कारण नानाजी का लंबा और घटनापूर्ण जीवन अभाव और संघर्षों में बीता। छोटी उम्र में ही माता-पिता का देहांत हो जाने के कारण उनके मामा ने उनका लालन-पालन किया।

भारत को ऋषि-मुनियों का देश कहा जाता है। यहां पर समय-समय पर किसी-न-किसी रूप में बहुत से लोगों का उदय हुआ है, जिन्होंने देश समाज को बड़े पैमाने पर प्रभावित किया है। उन्हीं में एक नाम नानाजी देशमुख जी का भी आता है।

पदम् विभूषण से विभूषित नानाजी देशमुख एक भारतीय समाजसेवी थे। वे पूर्व में भारतीय जनसंघ के नेता थे। 1977 में जब मोरारजी देसाई प्रधानमंत्री बने थे, तब जनता पार्टी की सरकार बनी, तो उन्हें मोरारजी-मन्त्रिमण्डल में शामिल किया गया परन्तु उन्हें मन्त्री पद स्वीकार न था, इसलिए उन्होंने यह कहकर कि 60 वर्ष से अधिक आयु के लोग सरकार से बाहर रहकर समाज सेवा का कार्य करें, मन्त्री-पद ठुकरा दिया। उनके मन में मंत्री पद के प्रति कोई लोभ नहीं था। वे एक सच्चे देशभक्त सेवक थे। वे जीवन पर्यन्त दीनदयाल शोध संस्थान के अन्तर्गत चलने वाले विविध प्रकल्पों के विस्तार हेतु कार्य करते रहे। अटल बिहारी वाजपेयी सरकार ने उन्हें राज्यसभा का सदस्य मनोनीत किया। समाज सेवा के प्रति उनकी प्रतिबद्धता देखते हुए अटलजी के कार्यकाल में ही भारत सरकार ने उन्हें शिक्षा, स्वास्थ्य व ग्रामीण स्वावलम्बन के क्षेत्र में अनुकरणीय योगदान के लिये 'पद्म विभूषण' भी प्रदान किया। उन्होंने गांवों की तरक्की के लिए बहुत काम किया।

मराठी परिवार का योगदान भारतीय इतिहास में किसी व्याख्या का मोहताज नहीं है। नानाजी का जन्म महाराष्ट्र के हिंगोली जिले के कडोली नामक छोटे से कस्बे में मराठा परिवार में 11 अक्टूबर, 1916 को हुआ था। उनके परिवार की आर्थिक स्थिति ठीक न होने के कारण नानाजी का लंबा और घटनापूर्ण जीवन अभाव और संघर्षों में बीता। छोटी उम्र में ही माता-पिता का देहांत हो जाने के कारण उनके मामा ने उनका लालन-पालन किया। माता-पिता के दुनिया से चले जाने के कारण नानाजी का बचपन अभावों से भरा रहा। वे सभी सुख-सुविधाओं से वंचित रहे, जो एक बालक को मिलनी थीं। उनके पास शुल्क देने और पुस्तकें खरीदने तक के लिये पैसे नहीं थे, किन्तु उनके अन्दर शिक्षा और ज्ञानप्राप्ति की उत्कट अभिलाषा थी। उन्होंने पैसे की कमी को अपनी अभिलाषा के आड़े नहीं आने दिया। अत: इस कार्य के लिये उन्होंने सब्जी बेचकर पैसे जुटाये। रहने के लिए कोई जगह न होने के कारण वे मन्दिरों में रहे। अनगिनत अभावों में रहने के बावजूद उन्होंने पिलानी के बिरला इंस्टीट्यूट से उच्च शिक्षा प्राप्त की। देशभक्ति की भावना से प्रेरित हो 1930 के दशक में वे आरएसएस में शामिल हो गये। भले ही उनका जन्म महाराष्ट्र में हुआ, लेकिन उनका कार्यक्षेत्र राजस्थान और उत्तर प्रदेश ही रहा। उनकी श्रद्धा देखकर आरएसएस सरसंघचालक श्री गुरु जी ने उन्हें प्रचारक के रूप में गोरखपुर भेजा। उनके द्वारा किए गए प्रचार से प्रभावित होकर उन्हें पहले से बड़ा दायित्व सौंपा गया और वे उत्तर प्रदेश जैसे बड़े प्रान्त के प्रचारक बने।

इतने अभावों के बावजूद भी कोई व्यक्ति यदि समाज को दिशा देने में सफल हो जाता है, तो यह एक महान उपलब्धि मानी जाती है।

कार्यकर्ता के रूप में

> एक कार्यकर्ता के रूप में उन्होंने जीवन-भर अन्य लोगों को न सिर्फ प्रभावित किया, बल्कि सभी नेतृत्वों को एक नई दिशा देने का भी काम करते रहे। नानाजी आज भी प्रत्येक राजनीतिक कार्यकर्ता के लिए एक आदर्श पुरुष हैं।

नानाजी देशमुख को समाज सेवा करने में खुशी मिलती थी। वे लोकमान्य बाल गंगाधर तिलक की राष्ट्रवादी विचारधारा से प्रेरित हुए। वे एक सच्चे भारतवासी थे। तिलक से प्रेरित होकर उन्होंने समाज की कमजोरियों को समझा, लोगों के दु:ख-दर्द का अहसास किया तथा समाज सेवा और सामाजिक गतिविधियों में रुचि ली। आरएसएस के आदि सरसंघचालक डॉ. केशव बलिराम हेडगेवार से उनके पारिवारिक सम्बन्ध थे। उन्होंने नानाजी के गुणों को करीब से देखा, उनकी प्रतिभा को पहचाना और आरएसएस की शाखा में आने के लिये प्रेरित किया।

आरएसएस का सदस्य बनने के बाद 1940 में, डॉ. हेडगेवार जी का निधन होने पर नानाजी ने कई युवकों को महाराष्ट्र की आरएसएस शाखाओं में शामिल होने के लिये प्रेरित किया। नानाजी जिस कार्य में लगते थे, उसे अपना पूरा योगदान देते थे। नानाजी उन लोगों में से थे, जिन्होंने अपना सम्पूर्ण जीवन राष्ट्र की सेवा में लगा दिया। वे आरएसएस के प्रचारक के रूप में उत्तर प्रदेश भेजे गये। नानाजी दीनदयाल उपाध्याय से पहले कभी नहीं मिले थे। आगरा में वे पहली बार उनसे मिले। बाद में वे गोरखपुर गये और लोगों को संघ की विचारधारा के बारे में बताया, समझाया। यह कार्य आसान नहीं था। उन दिनों संघ के पास दैनिक खर्च के लिए भी पैसे नहीं होते थे। वे आरएसएस के कार्य बिना कुछ लिए करते थे। नानाजी को धर्मशालाओं

में ठहरना पड़ता था और लगातार धर्मशाला बदलना भी पड़ता था, क्योंकि एक धर्मशाला में लगातार तीन दिनों से ज्यादा ठहरने नहीं दिया जाता था। अन्त में बाबा राघवदास ने उन्हें इस शर्त पर ठहरने दिया कि वे उनके लिये खाना बनाया करेंगे। नानाजी का यह योगदान सराहनीय था। तीन साल के अन्दर उनकी मेहनत रंग लायी और गोरखपुर के आसपास संघ की 250 शाखायें खुल गयीं। वे देश के नागरिकों को शिक्षित देखना चाहते थे, यही कारण था कि नानाजी ने शिक्षा पर बहुत जोर दिया। उन्होंने पहले सरस्वती शिशु मन्दिर की स्थापना गोरखपुर में की।

1947 में, देश की जनता को जागरूक करने के लिए आरएसएस ने 'राष्ट्रधर्म' और 'पांचजन्य' नामक दो साप्ताहिक और 'स्वदेश' नामक हिन्दी समाचारपत्र निकालने का फैसला किया। इन समाचार पत्रों में अटल बिहारी वाजपेयी को सम्पादन, दीनदयाल उपाध्याय को मार्गदर्शन और नानाजी को प्रबन्ध निदेशक की जिम्मेदारी सौंपी गयी। पैसे के अभाव में पत्र-पत्रिकाओं का प्रकाशन संगठन के लिये बेहद मुश्किल कार्य था, लेकिन यह आर्थिक अभाव अपना प्रभाव डालने में निष्फल रहा, परिणामत: उनके उत्साह में कमी नहीं आयी और सुदृढ़ राष्ट्रवादी सामग्री के कारण इन प्रकाशनों को लोकप्रियता और पहचान मिली। लोगों ने बड़ी संख्या में पढ़ना शुरू कर दिया। 1948 में गान्धीजी की हत्या के बाद आरएसएस पर प्रतिबन्ध लगा दिया गया, जिससे इन प्रकाशन कार्यों पर व्यापक असर पड़ा। समाचार पत्रों के प्रकाशन पर रोक लगा दी गई। फिर भी भूमिगत होकर इनका प्रकाशन कार्य जारी रहा।

एक कार्यकर्ता के रूप में उन्होंने जीवन-भर अन्य लोगों को न सिर्फ प्रभावित किया, बल्कि सभी नेतृत्वों को एक नई दिशा देने का भी काम करते रहे। नानाजी आज भी प्रत्येक राजनीतिक कार्यकर्ता के लिए एक आदर्श पुरुष हैं।

राजनीतिक जीवन

नाना के प्रतिद्वंद्वी भी उनका बखान करते थे। उत्तर प्रदेश में पंडित दीनदयाल उपाध्याय की दूर दृष्टि, अटल बिहारी वाजपेयी के वक्तत्व और नानाजी के संगठनात्मक कार्यों के कारण भारतीय जनसंघ महत्त्वपूर्ण राजनीतिक शक्ति बन गया। नानाजी का स्वभाव बहुत सरल था। न सिर्फ पार्टी कार्यकर्ताओं से बल्कि विपक्षी दलों के साथ भी नानाजी के सम्बन्ध बहुत अच्छे थे। चन्द्रभानु गुप्त भी, जिन्हें नानाजी के कारण कई बार चुनावों में हार का सामना करना पड़ा था, नानाजी की खूबियों को जानते थे और उनका दिल से सम्मान करते थे और उन्हें प्यार से नाना फड़नवीस कहा करते थे।

कुछ लोग अपना राजनीतिक सफर बड़े पैमाने पर शुरू तो करते हैं, लेकिन वे कभी राजनीतिक रूप से शिखर पुरुष के रूप में प्रस्तुत नहीं हो पाते। नानाजी अपने पूरे जीवन में एक आदर्श राजनीतिज्ञ के रूप में एवं सफल व्यक्ति के रूप में भी पहचाने गये हैं।

नानाजी देशमुख ने कभी हार नहीं मानी और जब आरएसएस से प्रतिबन्ध हटा तो राजनीतिक संगठन के रूप में भारतीय जनसंघ की स्थापना का फैसला हुआ। श्री गुरुजी को नानाजी पर विश्वास था। वे उनकी कार्यक्षमता से परिचित थे, इसलिए उन्होंने नानाजी को उत्तर प्रदेश में भारतीय जनसंघ के महासचिव का प्रभार लेने को कहा। नानाजी ने भी उनके विश्वास को बनाये रखा, उनके द्वारा किए गए जमीनी कार्यों ने उत्तर प्रदेश में पार्टी को स्थापित करने में अहम भूमिका निभायी। 1957 तक जनसंघ ने उत्तर प्रदेश के सभी जिलों में अपनी इकाइयाँ खड़ी कर लीं। इस दौरान नानाजी ने पूरे उत्तर प्रदेश का दौरा किया, जिसके परिणामस्वरूप जल्द ही भारतीय

जनसंघ उत्तर प्रदेश की प्रमुख राजनीतिक शक्ति बन गया। अब जनसंघ को किसी प्रचार की आवश्यकता नहीं थी, हर प्रदेशवासी परिचित था।

यही कारण था कि उत्तर प्रदेश की बड़ी राजनीतिक हस्ती चन्द्रभानु गुप्त को नानाजी की वजह से तीन बार कड़ी चुनौती का सामना करना पड़ा। नानाजी रणनीति बनाने में माहिर थे। एक बार, राज्यसभा चुनाव में कांग्रेसी नेता और चन्द्रभानु के पसंदीदा उम्मीदवार को हराने के लिए उन्होंने रणनीति बनायी। 1957 में जब गुप्त स्वयं लखनऊ से चुनाव लड़ रहे थे, तो नानाजी ने समाजवादियों के साथ गठबन्धन करके बाबू त्रिलोकी सिंह को बड़ी जीत दिलायी। नानाजी की कौशलयुक्त राजनीति के कारण 1957 में चन्द्रभानु गुप्त को दूसरी बार हार का मुँह देखना पड़ा।

नाना के प्रतिद्वंद्वी भी उनका बखान करते थे। उत्तर प्रदेश में पंडित दीनदयाल उपाध्याय की दूर दृष्टि, अटल बिहारी वाजपेयी के वक्तत्व और नानाजी के संगठनात्मक कार्यों के कारण भारतीय जनसंघ महत्त्वपूर्ण राजनीतिक शक्ति बन गया। नानाजी का स्वभाव बहुत सरल था। न सिर्फ पार्टी कार्यकर्ताओं से बल्कि विपक्षी दलों के साथ भी नानाजी के सम्बन्ध बहुत अच्छे थे। चन्द्रभानु गुप्त भी, जिन्हें नानाजी के कारण कई बार चुनावों में हार का सामना करना पड़ा था, नानाजी की खूबियों को जानते थे और उनका दिल से सम्मान करते थे और उन्हें प्यार से नाना फड़नवीस कहा करते थे। डॉ. राम मनोहर लोहिया से उनके अच्छे सम्बन्धों ने भारतीय राजनीति की दशा और दिशा दोनों ही बदल दी। कांग्रेस के पैर डगमगाने लगे। एक बार नानाजी ने डॉ. लोहिया को भारतीय जनसंघ कार्यकर्ता सम्मेलन में बुलाया, जहाँ लोहिया जी की मुलाकात दीनदयाल उपाध्याय से हुई। एकमत होने के कारण दोनों के सहयोग से भारतीय जनसंघ समाजवादियों के करीब आया। दोनों दलों ने मिलकर कांग्रेस के कुशासन का पर्दाफाश कर जनता के समक्ष सब कुछ स्पष्ट कर दिया।

1967 में भारतीय जनसंघ संयुक्त विधायक दल का हिस्सा बन गया और चौधरी चरण सिंह के नेतृत्व में सरकार में शामिल भी हुआ। नानाजी व्यवहारकुशल थे, उनके चौधरी चरण सिंह और डॉ. राम मनोहर लोहिया दोनों से ही अच्छे सम्बन्ध थे, इसलिए गठबन्धन निभाने में उन्होंने अहम भूमिका निभायी। उन्होंने दोनों के बीच एक कड़ी का काम किया और

उत्तर प्रदेश की पहली गैर–कांग्रेसी सरकार के गठन में विभिन्न राजनीतिक दलों को एकजुट करने में नानाजी जी का योगदान न सिर्फ अद्‌भुत बल्कि सराहनीय भी रहा।

विनोबा भावे ने एक नया आन्दोलन शुरू किया। नानाजी, विनोबा भावे उनके भूदान आन्दोलन में सक्रिय रूप से शामिल हुए। दो महीनों तक वे विनोबाजी के साथ रहे। वे उनके आन्दोलन से अत्यधिक प्रभावित हुए। जेपी आन्दोलन में जब जयप्रकाश नारायण पर पुलिस ने लाठियाँ बरसायीं, इस लाठी चार्ज में बहुत से लोग घायल हुए, लेकिन नानाजी ने जयप्रकाश को सुरक्षित निकाल लिया। इस दुस्साहसी कार्य में नानाजी को काफी चोटें आईं और एक हाथ भी टूट गया। इससे पता चलता है कि उनमें गुटबंदी करने का दिखावा नहीं था। वे जिसका साथ देना चाहते थे तो पूरी तरह से देते थे। जयप्रकाश नारायण और मोरारजी देसाई नानाजी के साहस से स्तब्ध रह गए, उन्होंने इस कार्य की भूरि–भूरि प्रशंसा की। जयप्रकाश नारायण के आह्वान पर उन्होंने सम्पूर्ण क्रान्ति को पूरा समर्थन दिया। जनता पार्टी के संस्थापकों में नानाजी प्रमुख थे। नानाजी के प्रयासों का ही परिणाम था, जो कांग्रेस को सत्ताच्युत कर जनता पार्टी सत्ता में आयी। आपातकाल हटने के बाद चुनाव हुए, जिसमें बलरामपुर लोकसभा सीट से नानाजी सांसद चुने गये। इस जीत से पार्टी के सदस्य खुश थे, इसलिए उन्हें पुरस्कार के तौर पर मोरारजी मंत्रिमंडल में बतौर उद्योग मन्त्री शामिल होने का न्योता भी दिया गया, लेकिन नानाजी ने साफ इन्कार कर दिया। नानाजी एक सच्चे देशभक्त थे। उन्हें किसी पद का लालच नहीं था। उनका सुझाव था कि 60 साल से अधिक आयु वाले सांसद राजनीति से दूर रहकर संगठनात्मक और सामाजिक कार्य करें।

सामाजिक जीवन

> उनके द्वारा किये गये सामाजिक परिवर्तन के कार्यों से न सिर्फ समाज में परिवर्तन हुआ, बल्कि उनका नाम इतिहास में हमेशा-हमेशा के लिए दर्ज हो गया है।

ऐसा देखा जाता है, जो व्यक्ति एक बार राजनीतिक जीवन में ऊंचाइयों पर पहुंच जाता है, वह जीवन-भर राजनीति में ही रहना पसंद करता है। नानाजी देशमुख एक मात्र ऐसा उदाहरण हैं, जिन्होंने राजनीति से संन्यास के बाद एक सफल सामाजिक जीवन यापन किया।

अपने कथनानुसार उन्होंने 60 साल की उम्र में सक्रिय राजनीति से संन्यास लेकर आदर्श की स्थापना की। बाद में उन्होंने अपना पूरा जीवन सामाजिक और रचनात्मक कार्यों में लगा दिया। वे लगातार लोगों की सेवा करते रहे और आश्रमों में रहकर कभी अपना प्रचार नहीं किया। उन्होंने दीनदयाल शोध संस्थान की स्थापना की और उसमें रहकर समाज-सेवा की। नानाजी ग्रामीण शिक्षास्तर में सुधार लाना चाहते थे, इसलिए उन्होंने चित्रकूट में 'चित्रकूट ग्रामोदय विश्वविद्यालय' की स्थापना की। यह भारत का पहला ग्रामीण विश्वविद्यालय था और वे इसके पहले कुलाधिपति थे। वे सेवाकार्यों में लगातार ईमानदारी से लगे रहे। और आखिरकार 1999 में एन.डी.ए. सरकार ने उन्हें राज्यसभा का सांसद बनाया।

पंडित दीनदयाल उपाध्याय की हत्या नानाजी के लिये बहुत बड़ी क्षति थी। नानाजी का जीवन अभावों में बीता था। अतः गरीबों के दुःख-दर्द का अहसास उन्हें था। अपने सामाजिक सेवाकार्यों के तहत उन्होंने गरीबी निरोधक व न्यूनतम आवश्यकता कार्यक्रम चलाया, जिसके अन्तर्गत कृषि, कुटीर उद्योग, ग्रामीण स्वास्थ्य और ग्रामीण शिक्षा पर विशेष बल दिया।

राजनीति से हटने के बाद उन्होंने संस्थान के अध्यक्ष का पद संभाला। वे पद की महत्ता से अच्छी तरह परिचित थे। यही कारण था कि संस्थान की बेहतरी में उन्होंने अपना सारा समय अर्पित कर दिया। उन्होंने संस्थान की ओर से रीडर्स डाइजेस्ट की तरह 'मंथन' नाम की एक पत्रिका निकाली, जिसका सम्पादक पद स्वीकार कर के. आर. मलकानी ने कई वर्षों तक सम्पादन किया।

नानाजी ने उत्तर प्रदेश के गोंडा और महाराष्ट्र के बीड जैसे सबसे पिछड़े जिलों में बहुत से सामाजिक कार्य किये। बेरोजगारी और कृषि संबंधी परेशानियों से उनका मन विचलित हो उठता था, उन्होंने इस समस्या का निवारण करने की ठानी और एक परियोजना की शुरुआत की, जिसका उद्देश्य था-'हर हाथ को काम और हर खेत को पानी।'

नानाजी देशमुख अपने जीवनकाल में श्रीराम के चरित्र से बहुत अधिक प्रभावित रहे। जब वे पहली बार चित्रकूट आए तो भगवान श्रीराम की कर्मभूमि चित्रकूट की हालत देख बहुत दुःखी हुए। वे मंदाकिनी के तट पर बैठ गए और चित्रकूट को बदलने का मन बना लिया। श्रीराम ने अपने वनवास के 14 वर्षों में से 12 वर्ष यहीं दीन-दुखियों की सेवा करते हुए बिताए थे। नानाजी ने भी उनका अनुसरण किया और स्थायी रूप से यहीं बस गए। उनके द्वारा किये गये सामाजिक परिवर्तन के कार्यों से न सिर्फ समाज में परिवर्तन हुआ, बल्कि उनका नाम इतिहास में हमेशा-हमेशा के लिए दर्ज हो गया है।

दीनदयाल और नानाजी देशमुख

> नानाजी देशमुख सच्चे रूप में दीनदयाल जी के विचारों को धरातल पर लागू करने वाले एक ऐसे योद्धा के रूप में जाने जाते हैं, जिन्होंने मरते दम तक जनता के पक्ष में काम किया।

इतिहास में कभी-कभार ही ऐसा मौका आता है, जब दो लोगों की एकता विचारों को विकसित करने के लिए जानी जाती है। ऐसा ही एक नाम दीनदयाल और नानाजी देशमुख का इतिहास में दर्ज है।

नानाजी ने दीनदयाल जी के विचारों को न सिर्फ आगे बढ़ाया, बल्कि उनको मूर्त रूप देने के लिए प्रयोग-दर-प्रयोग भी किया। यही कारण है कि आज नानाजी दीनदयाल जी की विरासत को आगे बढ़ाने वालों में अग्रणी श्रेणी में माने जाते हैं।

पंडित दीनदयाल उपाध्याय संवेदनात्मक प्रवृत्ति के थे। उनकी संकल्पना एकात्म मानववाद को मूर्त रूप देने के लिये नानाजी ने तन-मन से संघर्ष किया और 1972 में दीनदयाल शोध संस्थान की स्थापना की। उपाध्याय जी का यह दर्शन समाज के प्रति मानव की समग्र दृष्टि पर आधारित है, जो भारत को आत्मनिर्भर बना सकता है। उपाध्याय जी का उद्देश्य ग्रामीण जीवन में सुधार लाना था।

नानाजी देशमुख ने एकात्म मानववाद के आधार पर ग्रामीण भारत के विकास की रूपरेखा बनायी। वे ग्रामीण लोगों के जीवन स्तर को सुधारना चाहते थे। जिसके तहत नानाजी ने गाँवों के स्वास्थ्य, सुरक्षा, शिक्षा, कृषि, आय अर्जन संसाधनों के संरक्षण व सामाजिक विवेक के विकास के लिये एकात्म कार्यक्रम की शुरुआत की। किसी भी सामाजिक उद्देश्य की पूर्ति में समाज का सहयोग आवश्यक होता है अर्थात पूर्ण परिवर्तन कार्यक्रम का आधार लोक सहयोग और सहकार है।

चित्रकूट परियोजना या आत्मनिर्भरता के लिये अभियान की शुरुआत 26 जनवरी, 2005 को चित्रकूट में हुई, जो उत्तर प्रदेश और मध्यप्रदेश की सीमा पर स्थित है। इस परियोजना का उद्देश्य 2005 के अन्त तक इन गाँवों में आत्मनिर्भरता हासिल करना था, किन्तु कुछ कारणोवश यह परियोजना 2010 में पूरी हो सकी। परियोजना से न सिर्फ चित्रकूट, बल्कि यह उम्मीद की गई कि चित्रकूट के आसपास के 500 गाँवों को आत्मनिर्भर बना ही लिया जायेगा। यह परियोजना भारत और दुनिया के लिये एक आदर्श बनकर और लोगों को भी प्रेरित कर सकती है।

उपरोक्त तथ्यों के आधार पर हम कह सकते हैं कि नानाजी देशमुख सच्चे रूप में दीनदयाल जी के विचारों को धरातल पर लागू करने वाले एक ऐसे योद्धा के रूप में जाने जाते हैं, जिन्होंने मरते दम तक जनता के पक्ष में काम किया।

सामाजिक कार्य और सम्मान

> कलाम के मुताबिक, विकास के इस अनुपम प्रारूप को सामाजिक संगठनों, न्यायिक संगठनों और सरकार के माध्यम से देश के विभिन्न भागों में फैलाया जा सकता है। जिससे न सिर्फ चित्रकूट और उसके आसपास के गांव इस आदर्शवादिता से लाभान्वित हों, बल्कि अन्य गांव व संगठन भी इस प्रक्रिया का अनुसरण कर विवाद मुक्त आत्मनिर्भर समाज का निर्माण करें। शोषितों और दलितों के उत्थान के लिये समर्पित नानाजी की प्रशंसा करते हुए कलाम ने कहा कि "नानाजी चित्रकूट में जो कर रहे हैं, उसे देखकर अन्य लोगों की भी आँखें खुलनी चाहियें।"

नानाजी देशमुख के प्रशंसनीय सामाजिक कार्यों से प्रभावित हो उन्हें 'पद्म विभूषण' से सम्मानित किया गया। नानाजी के कार्यों को देख तत्कालीन राष्ट्रपति ए.पी.जे. अब्दुल कलाम ने उनकी और उनके संगठन दीनदयाल शोध संस्थान की भरपूर प्रशंसा की। इस संस्थान की मदद से गाँवों में सद्‌भावना का प्रचार-प्रसार भी हुआ। परिणामतः ये गांव मुकदमा मुक्त विवाद सुलझाने के आदर्श बन गये। आपसी विवादों से परे हटकर लोगों ने अन्य कामों की ओर ध्यान देना शुरू कर दिया। इसके अतिरिक्त किसी भी विषय पर आधारित झगड़े को ज्यादा लंबा खींचना उचित नहीं समझा। पूर्व राष्ट्रपति अब्दुल कलाम ने कहा-'चित्रकूट में मैंने नानाजी देशमुख और उनके साथियों से मुलाकात की। दीनदयाल शोध संस्थान ग्रामीण विकास के प्रारूप को लागू करने वाला अनुपम संस्थान है। यह प्रारूप भारत के लिये सर्वथा उपयुक्त है। विकास कार्यों से अलग दीनदयाल उपाध्याय संस्थान विवाद-मुक्त समाज की स्थापना में भी मदद करता है।

मैं समझता हूँ कि चित्रकूट के आसपास अस्सी गाँव मुकदमेबाजी से मुक्त हैं। इसके अलावा इन गाँवों के लोगों ने सर्वसम्मति से यह फैसला किया है कि किसी भी विवाद का हल करने के लिये वे अदालत नहीं जायेंगे। यह भी तय हुआ है कि सभी विवाद आपसी सहमति से सुलझा लिये जायेंगे। नानाजी देशमुख ने हमें बताया कि अगर लोग आपस में ही लड़ते-झगड़ते रहेंगे तो विकास के लिये समय कहाँ बचेगा?' कलाम के मुताबिक, विकास के इस अनुपम प्रारूप को सामाजिक संगठनों, न्यायिक संगठनों और सरकार के माध्यम से देश के विभिन्न भागों में फैलाया जा सकता है। जिससे न सिर्फ चित्रकूट और उसके आसपास के गांव इस आदर्शवादिता से लाभान्वित हों, बल्कि अन्य गांव व संगठन भी इस प्रक्रिया का अनुसरण कर विवाद मुक्त आत्मनिर्भर समाज का निर्माण करें। शोषितों और दलितों के उत्थान के लिये समर्पित नानाजी की प्रशंसा करते हुए कलाम ने कहा कि 'नानाजी चित्रकूट में जो कर रहे हैं, उसे देखकर अन्य लोगों की भी आँखें खुलनी चाहियें। उन्हें भी इस प्रकार के संस्थानों की स्थापना कर, सामाजिक कमियों को दूर करना चाहिए।'

नानाजी देशमुख ने 95 साल की उम्र में चित्रकूट स्थित भारत के पहले ग्रामीण विश्वविद्यालय (जिसकी स्थापना उन्होंने खुद की थी) में रहते हुए अन्तिम साँस ली। वे कुछ समय से बीमार थे, लेकिन इलाज के लिये दिल्ली जाने से मना कर दिया। नानाजी देश के पहले ऐसे व्यक्ति थे, जिन्होंने लोक सेवा में तो अपना जीवन समर्पित किया ही, पर मरने के बाद भी अपने मृत शरीर को जलाने की बजाय छात्रों के मेडिकल शोध हेतु दान करने का वसीयतनामा (इच्छा पत्र) मरने से काफी समय पूर्व 1997 में ही लिखकर दे दिया था, जिसका सम्मान करते हुए उनका शव अखिल भारतीय आयुर्विज्ञान संस्थान नई दिल्ली को सौंप दिया गया। नानाजी देशमुख अद्भुत व्यक्तित्व प्राप्त देशभक्त थे, जिन्होंने अपना सब कुछ देश की सेवा में समर्पित कर दिया।

मन से गांधी और तन से जे.पी.

> जो लोग मानसिक द्वंद्व का सामना करते हैं, अंतर्विरोधों का सामना करते हैं, वे जानते हैं कि काले और सफेद के बीच भी कई रंग होते हैं, कई छायाएं होती हैं और उन्हें अनुभव करने के लिए, अहसास करने के लिए दिल-दिमाग को बारीक तार की तरह बारीकी से मिलाना पड़ता है।

आजादी से पहले और आजादी के बाद जिन दो लोगों ने भारतीय राजनीति, आर्थिक और सामाजिक रूप से बहुत ज्यादा प्रभावित किया, उनमें से गांधी और जे.पी. का नाम सबसे ऊपर आता है। इसी के परिणामस्वरूप न जाने देश के कितने ही लोगों ने गांधी और जे.पी. को अपना आदर्श बनाया, लेकिन नानाजी देशमुख अकेले ऐसे भारतीय मानस थे, जिनके अन्दर गांधी और जे.पी. दोनों ही वास करते थे।

विचारणीय लोगों को दुनिया या लोगों को काले और सफेद में बांट लेने से बुद्धि को कष्ट नहीं देना पड़ता। इसी तरह नानाजी देशमुख ने भी दुनिया को काले या सफेद में देखा। उन्होंने राष्ट्रीय स्वयंसेवक संघ का ठप्पा लगाकर आदमी और संगठन को एक समूह में डाला। उन्हें दुनिया में विद्यमान सात रंग और उनसे बनने वाले 700 शेड्स देखने-समझने की तकलीफ नहीं उठानी पड़ी।

नानाजी उदार प्रवृत्ति के स्वामी थे। उनके अनुसार सबका अपना अस्तित्व है, जरूरत है किंतु अपने को हमेशा किसी के खिलाफ, किसी से हमेशा संघर्षरत और किसी को मिटाकर धूल में मिला देने में लगे लोगों को ऐसा उदार दृष्टिकोण स्वीकार भी नहीं होता। संसार में अनेक देश और विभिन्न समाज हैं, लेकिन सबसे ज्यादा अनुभव प्राप्त हमारे समाज ने बड़ी करीबी

से यह जाना है कि दुनिया को परस्पर विपरीत और विरोधी संघर्षरत समूहों में बांटकर एक-दूसरे का विनाश करने में ही लगे रहने से नया समाज तो कभी भी नहीं बनता, बल्कि पुराने की भी लगातार दुर्गति होती रहती है।

जो लोग मानसिक द्वंद्व का सामना करते हैं, अंतर्विरोधों की साधना करते हैं, वे जानते हैं कि काले और सफेद के बीच भी कई रंग होते हैं, कई छायाएं होती हैं और उन्हें अनुभव करने के लिए, अहसास करने के लिए दिल-दिमाग को बारीक तार की तरह बारीकी से मिलाना पड़ता है।

इसलिए भारत देश अर्थात् हम भारतीयों ने खुद को और दुनिया को अंतर्विरोधों से ध्वस्त करने के बजाय उन्हें साधने के लिए तपस्या की, उसे प्रत्येक स्तर पर आजमाया। कुछ सिद्धांतों के अनुसार भारतीय समाज को तो नष्ट हो जाना चाहिए था। 'हमारा समाज है और हमेशा फिटेस्ट रहा है' ऐसा दावा तो किसी घनघोर पुनरुत्थानपंथी हिंदू ने भी नहीं किया है। अकबर इलाहाबादी ने सही कहा है कि डार्विन साहब हकीकत से निहायत दूर थे। डार्विन साहब की जिन संतानों ने रिओ में पृथ्वी सम्मेलन किया, वे भी सर्वाइवल ऑफ द फिटेस्ट की हकीकत से परिचित हो चुके हैं।

जैसे सुरों, तानों और लयों को पकड़ने के लिए कानों को तैयार करना पड़ता है, वैसे ही अंतर्विरोध का सामना करने के लिए मस्तिष्क को तैयार करना पड़ता है, क्योंकि वाद-विवाद का भारी-भरकम दबाव विचारों की कोमल दूब को कुचलता जाता है, इससे बचना चाहिए। विचारधारा का सबसे कड़ा आग्रह करने वाले साम्यवादियों और आर्यसमाजियों ने सबसे ज्यादा वाद-विवाद चलाए और यही नहीं साम्यवादी सभी धार्मिक कट्टरपंथियों के खिलाफ रहे हैं, क्योंकि वे भी विचारबद्ध कट्टरपंथी हैं। यही कारण है कि यह हमारा देश भारत न साम्यवादी राज्य बना और न ही हिंदू राष्ट्र ही बन पाया, क्योंकि यह अंतर्विरोधों को साधने वाला, उनका सामना करने वाला देश है।

हमारे देश का बच्चा-बच्चा अपने राष्ट्रपिता महात्मा गांधी से परिचित है। उन्हें 'महात्मा' का दर्जा मिलने का कारण उनके विचार ही थे। उन्होंने दुनिया-भर के आचार-विचार को समझा, सभी को आदर दिया। अपने-आपको संकीर्ण विचारबद्ध मानव बुद्धि से मुक्त कर दिल-दिमाग के

दरवाजे खुले रखकर भी अपनी धरती से अलग नहीं हुए। उन्होंने अपनी धरती में अपनी जड़ें जमाए रखीं।

उनकी शक्ति का स्रोत उनकी लोक संग्रह वृत्ति में था। जो एक दूसरे को फूटी आंखों से नहीं सुहाते थे और मौका लगे तो मारकर खा जाएं, ऐसे अनगिनत लोगों को गांधी ने अपने से जोड़ा। उनसे उनकी योग्यता और क्षमताभर सहयोग लिया और उन्हें कोई-न-कोई उनकी योग्यतानुसार पद प्रदान किया। देशभर में एक दूसरे को जानने-समझने और बरतने वाला एक ग्रुप गांधीजी ने तैयार कर लिया था। उनमें से कई अब नहीं रहे।

नानाजी देशमुख उसी जमात के बचे-खुचे लोगों में से थे। उन्हें देश में कहीं भी होटल, लॉज, धर्मशाला या सर्किट हाउस में नहीं रुकना पड़ता था। सब जगह उनके परिवार थे। सब उन्हें संघी मानते थे और वे खुद भी अपने को एकनिष्ठ स्वयंसेवक ही कहते थे। सूत्रों के अनुसार, नाथूराम गोडसे भी गांधी जी की हत्या के प्रेरक संगठनों में माना गया है। और अब हालांकि राष्ट्रीय स्वयंसेवक संघ भी स्वदेशी आंदोलन चला रहा है लेकिन देखा जाये तो आज गांधी को मानने वाले संघ में बहुत कम लोग हैं। लेकिन नानाजी देशमुख स्वयं उनके मित्र और परिवार के लोग गांधी, मार्क्स, सावरकर, अरविंद और एडम स्मिथ सब को मानने वालों में हैं। बुद्ध, महावीर और गांधी की अहिंसा को हिंदुओं के पराभव के लिए जिम्मेदार माना गया, लेकिन मानने वाले प्रतिक्रियावादी संघ में बजरंग दल से कोई कम नहीं है।

> जैसे सुरों, तानों और लयों को पकड़ने के लिए कानों को तैयार करना पड़ता है, वैसे ही अंतर्विरोध का सामना करने के लिए मस्तिष्क को तैयार करना पड़ता है, क्योंकि वाद-विवाद का भारी-भरकम दबाव विचारों की कोमल दूब को कुचलता जाता है। इससे बचना चाहिए। विचारधारा का सबसे कड़ा आग्रह करने वाले साम्यवादियों और आर्यसमाजियों ने सबसे ज्यादा वाद-विवाद चलाए और यही नहीं साम्यवादी सभी धार्मिक कट्टरपंथियों के खिलाफ रहे हैं क्योंकि वे भी विचारबद्ध कट्टरपंथी हैं। यही कारण है कि यह हमारा देश भारत न साम्यवादी राज्य बना और न ही हिंदू राष्ट्र ही बन पाया, क्योंकि यह अंतर्विरोधों को साधने वाला, उनका सामना करने वाला देश है।

नानाजी ने विवाह नहीं किया और वे सभी को अपना मानते थे। वे अपने परायों का भेद नहीं जानते थे। सभी उनका परिवार थे और उन्हीं में वे रहना पसंद करते थे। प्रवास को वे संबंधों के विस्तार का स्थायी माध्यम मानते थे। देशमुख जी ने कहा– 'महाराष्ट्र और मराठी में तो छोटे को नाना कहते हैं। मैं कोई 60 साल से उत्तर भारत और हिंदी में हूं, क्योंकि यहां नाना मां का बाप होता है।'

पटना में जब जे.पी. को लाठी लगी तो नानाजी की उदार प्रवृत्ति उन्हें रोक नहीं सकी, उसे पहले अपने ऊपर लेने वाले नानाजी देशमुख ही थे। उस दिन जे.पी. के साथ ली गई सभी फोटो में नानाजी कहीं–न–कहीं दिखते हैं, क्योंकि वे जे.पी. को अकेला छोड़ने को तैयार ही नहीं थे। ऐसा कहना भी ठीक नहीं होगा कि नानाजी ने जे.पी. को बचा लिया, लेकिन इतना जरूर है कि उन्होंने अपने प्राणों की परवाह नहीं की। पहले नानाजी को कुछ होता और फिर जे.पी. को। जे.पी. के गांधी, सर्वोदयी और समाजवादी संगी–साथियों को इन दोनों का साथ बुरा लगता था। वे नहीं चाहते थे कि नानाजी और जे.पी. का एक–दूसरे पर भरोसा बना रहे।

मोरारजी ने जनता पार्टी के तब के जनसंघ में से तीन लोगों को मंत्री बनाने का प्रस्ताव रखा, उनमें से एक नानाजी भी थे। नानाजी को उद्योग मंत्री बनाया जाना था, लेकिन वे नहीं बने।

जे.पी. भी पहले तो राष्ट्रीय स्वयंसेवक संघ और जनसंघ को शंका और अविश्वास की नजर से ही देखते थे। लेकिन संपूर्ण क्रांति आंदोलन के दौरान उनका रवैया बदल गया। वे नक्सलवादियों से भी बात करते थे और संघियों और जनसंघियों से भी। वे सभी को इस आंदोलन में शामिल करना चाहते थे। वे किसी को भी उस आंदोलन से दूर नहीं रखना चाहते थे, यहां तक कि संपूर्ण क्रांति का मज़ाक उड़ाने वाले कम्यूनिस्टों और बुद्धिजीवियों को भी। देश की एक धारा के दो किनारों को जोड़ना जे.पी. का उद्देश्य था और उन्हें जोड़ने वाले जे.पी. के एक पुल नानाजी देशमुख भी थे। इसका कारण नानाजी स्वयं बताते थे। जनता सरकार बनने के बाद सरकार के बजाय जे.पी. के साथ रहने वालों में नानाजी भी एक थे।

पटना में जब जे.पी. को लाठी लगी तो नानाजी की उदार प्रवृत्ति उन्हें रोक नहीं सकी, उसे पहले अपने ऊपर लेने वाले नानाजी देशमुख ही थे। उस दिन जे.पी. के साथ ली गई सभी फोटो में नानाजी कहीं-न-कहीं दिखते हैं, क्योंकि वे जे.पी. को अकेला छोड़ने को तैयार ही नहीं थे। ऐसा कहना भी ठीक नहीं होगा कि नानाजी ने जे.पी. को बचा लिया, लेकिन इतना जरूर है कि उन्होंने अपने प्राणों की परवाह नहीं की। पहले नानाजी को कुछ होता और फिर जे.पी. को। जे.पी. के गांधी, सर्वोदयी और समाजवादी संगी-साथियों को इन दोनों का साथ बुरा लगता था। वे नहीं चाहते थे कि नानाजी और जे.पी. का एक-दूसरे पर भरोसा बना रहे।

नानाजी ने जब उद्योग मंत्री पद स्वीकारने से इंकार किया। उसके सालभर बाद राजनीति से संन्यास लेकर रचनात्मक कार्य में लगने की बात कही और उत्तर प्रदेश के गोंडा जिले में कार्यरत रहने लगे। देशभर में काम करने वाले नानाजी ने दिल्ली में भी अपने मित्र दीनदयाल उपाध्याय के नाम पर एक शोध संस्थान बनवाया है।

महात्मा गांधी के ग्राम स्वराज्य की सोच को साकार करने के तहत ही चित्रकूट में ग्रामोदय विश्वविद्यालय का निर्माण किया गया। इसके अतिरिक्त चित्रकूट में ही संचार के आधुनिक माध्यमों और कठपुतली एवं लोकनृत्य जैसे पारंपरिक माध्यमों द्वारा जनशिक्षण और जनसंचार के लिए रामनाथ गोयनका की याद में उन्होंने संस्थान तैयार करवाया है। महात्मा गांधी, जे.पी., रामनाथ गोयनका और दीनदयाल उपाध्याय से आपसी संबंधों और देश एवं समाज में उनके योगदान को निरंतर बनाए रखने के लिए संस्थाएं बनाना नानाजी का संकल्प था। गांधी जी, रामनाथ गोयनका और जे.पी. के संघ और जनसंघ के सदस्य न होते हुए भी नानाजी के साथ ने उन्हें अपने संघ का सदस्य बना लिया था। इन चारों का उद्देश्य सच्चे मन से देश सेवा करना ही था।

नानाजी हमारे ऐसे जन नायक के तौर पर उभर कर सामने आये, जिन्होंने तन से गान्धी और मन से जे.पी. की आत्मा को हर क्षण अपने साथ रखा। यह इतिहास का ऐसा दौर था, जब किसी भिन्न विचार वाले व्यक्ति से

सहमत होना वैचारिक विचलन माना जाता था, लेकिन कभी भी इस बात का डर नानाजी को नहीं रहा।

उन्होंने न सिर्फ गांधी और जे.पी. को अपना आदर्श बनाया बल्कि मार्क्स, सावरकर, बुद्ध, महावीर इत्यादि के विचारों को भी अपने समय और समाज की बेहतरी के लिए इस्तेमाल करते रहे।

किसी भी महान व्यक्ति की यह सबसे बड़ी बात मानी जाती है कि वह अपने समय और आने वाले भविष्य को ध्यान में रखते हुए सकारात्मक विचारों को ग्रहण कर, उन्हें देश हित में लागू करे। नानाजी ने हमेशा अपने देश की जनता को सबसे पहले प्राथमिकता दी है। यही कारण है कि आज भी वे हमारे बीच में विचारों के रूप में हमेशा जिन्दा हैं।

हम अपने लिए नहीं, अपनों के लिये हैं

> कई बार आर्थिक अभाव से मुश्किलें पैदा होती थीं, परन्तु नानाजी कठोर श्रम करते ताकि उन्हें किसी से मदद न लेनी पड़े, किसी के आगे हाथ न फैलाना पड़े। वे किसी पर बोझ नहीं बनना चाहते थे। उन्होंने नागपुर से संघ शिक्षा वर्ग का प्रथम वर्ष सन् 1940 में पूरा किया। उसी साल संघ संस्थापक डॉक्टर हेडगेवार साहब का निधन हो गया। फिर बाबा साहब आप्टे ने निर्देशक का कार्यभार संभाला और उनके निर्देशन पर नानाजी आगरा में संघ का कार्य देखने लगे।

नानाजी देशमुख कोई साधारण स्वयंसेवक या सामाजिक कार्यकर्ता नहीं थे, बल्कि युगदृष्टा थे। वे सभी देशवासियों को अपना परिवार मानते थे। नानाजी कहा करते थे- 'हम अपने लिए नहीं, अपनों के लिए हैं। अपने वे हैं, जो सदियों से पीड़ित एवं उपेक्षित हैं।' वे अन्य नेता व कार्यकर्ताओं से भिन्न थे। वे कथनी को करनी में परिवर्तित करने में विश्वास रखते थे अर्थात वे किसी बात को केवल कहते ही नहीं थे, वरन उसे कार्यरूप में परिवर्तित भी करते थे। उनके समर्पण को देखते हुए यदि उन्हें महर्षि दधीचि की संज्ञा दी जाए तो अतिशयोक्ति न होगी। आधुनिक युग के इस दधीचि का पूरा जीवन ही एक प्रेरक कथा है। विविध गुणों एवं बहुमुखी प्रतिभा के धनी नानाजी देशमुख का पूरा नाम चण्डीदास अमृतराव उपाध्याय नानाजी देशमुख था। इनके पिता का नाम अमृतराव देशमुख था तथा माता का नाम राजाबाई था। नानाजी का जन्म हिंगोली जिले के एक छोटे से गांव कडोली में हुआ था। नानाजी छह भाई-बहन थे यानी उनके दो भाई एवं तीन बहनें थीं।

नानाजी जब छोटे थे, तभी इनके माता-पिता का देहांत हो गया। बचपन गरीबी एवं अभाव में बीता। एक कहावत है- 'पूत के पांव पालने में ही दिख

जाते हैं।' यह कहावत नानाजी देशमुख पर खरी साबित होती है। वे बचपन से ही राष्ट्रीय स्वयंसेवक संघ की दैनिक शाखा में जाया करते थे। बाल्यकाल में सेवा संस्कार का अंकुर भी यहीं फूटा। उन्हें दूसरों की समस्याओं को हल करना या उनकी सेवा करना अच्छा लगता था। जब वे 9वीं कक्षा में पढ़ते थे, उसी समय उनकी मुलाकात संघ के संस्थापक डॉ. हेडगेवार से हुई। डॉ. साहब इस बालक के कार्यों से बहुत प्रभावित हुए। मैट्रिक की पढ़ाई पूरी होने पर डॉ. हेडगेवार ने नानाजी को आगे की पढ़ाई करने के लिए पिलानी जाने का परामर्श दिया तथा कुछ आर्थिक मदद की भी पेशकश की। नानाजी के लिए आत्मसम्मान से बढ़कर कुछ न था, इसलिए स्वाभिमानी नाना को आर्थिक मदद लेना स्वीकार्य न था। वे किसी से भी किसी तरह की सहायता नहीं लेना चाहते थे। उन्होंने डेढ़ साल तक कड़ी मेहनत कर पैसा इकट्ठा किया और उसके बाद 1937 में पिलानी गये। नानाजी पढ़ाई के साथ-साथ निरंतर संघ कार्य में भी लगे रहे। कई बार आर्थिक अभाव से मुश्किलें पैदा होती थीं, परन्तु नानाजी कठोर श्रम करते ताकि उन्हें किसी से मदद न लेनी पड़े, किसी के आगे हाथ न फैलाना पड़े। वे किसी पर बोझ नहीं बनना चाहते थे। उन्होंने नागपुर से संघ शिक्षा वर्ग का प्रथम वर्ष सन् 1940 में पूरा किया। उसी साल संघ संस्थापक डॉक्टर हेडगेवार साहब का निधन हो गया। फिर बाबा साहब आप्टे ने निर्देशक का कार्यभार संभाला और उनके निर्देशन पर नानाजी आगरा में संघ का कार्य देखने लगे।

नानाजी कर्म में विश्वास रखते थे। जब उसी साल पंडित दीनदयाल उपाध्याय जी एम.ए. की पढ़ाई करने के लिए आगरा आये तो नानाजी से कहा गया कि अब दीनदयाल यहां का काम देखेंगे, तुम गोरखपुर जाकर संघ कार्य प्रारम्भ करो। नानाजी को तो सिर्फ काम करना था, देश सेवा करनी थी, इसलिए न कोई प्रश्न, न कोई प्रतिवाद किया, बस चल पड़े अपने नये लक्ष्य को पूरा करने नये सफर पर। नये लोग, अनजान जगह, इस स्थिति में कार्य करना असंभव-सा प्रतीत होता है। परन्तु नानाजी के लिए सब संभव था। क्योंकि पूरे देश को वे अपना परिवार ही समझते थे। उनकी कार्यशैली लोगों को प्रभावित किए बिना नहीं रहती थी। उन्हें चुनौतियों को पूरा करने में असीम आनंद आता था। सोते-जागते वे काम के बारे में ही सोचते रहते थे। लक्ष्य को पूरा किए बगैर उन्हें मानो चैन ही नहीं मिलता था। इस नई

चुनौती को भी उन्होंने सहर्ष स्वीकारा और सफल बनाया।

सन् 1940 में गोरखपुर में नानाजी द्वारा संचालित पहली शाखा प्रारम्भ हुई। उनके कार्य की प्रगति को देखते हुए उन्हें गोरखपुर विभाग को संभालने की जिम्मेदारी सौंपी गई। उन्होंने अपनी जिम्मेदारी को समझा और इस दायित्व को भी बखूबी निभाया। उनके अथक परिश्रम का ही परिणाम था कि सिर्फ चार साल में 1944 तक गोरखपुर के देहातों में 250 शाखाएं लगने लगी थीं। निरंतर कर्मशील नानाजी ने अपनी मेहनत से संघकार्य को प्रगति की दिशा प्रदान की। संघ की प्रगति को वे अपनी प्रगति मानते थे। राष्ट्रीय स्वयंसेवक संघ के द्वितीय सरसंघचालक गुरुजी गोरखपुर आये। नानाजी के कार्यों को देखकर वे बहुत खुश हुए और उनकी काबिलीयत के कायल हो गए। उन्होंने गोण्डा से बलिया तक के सभी जिलों को नानाजी को सौंपकर उन्हें विभाग प्रचारक का कार्यभार सौंपा। नानाजी काम से और जिम्मेदारी से कभी नहीं घबराते थे। यही कारण था कि कार्य की अधिकता और व्यापकता ने उन्हें कभी भी विचलित नहीं किया। जब भी कोई नया काम मिलता, वे पूरे उत्साह से उसमें लग जाते।

> राष्ट्रीय स्वयंसेवक संघ ने 'राष्ट्रधर्म' का प्रकाशन करने का निर्णय लिया, लेकिन इस कार्य के लिए कुछ लोगों की आवश्यकता महसूस हुई तो पंडित दीनदयाल को मार्गदर्शक, अटल बिहारी वाजपेयी को सम्पादक व नानाजी को प्रबन्ध निदेशक का दायित्व दिया गया। नानाजी ने अपने पद संबंधी कार्यभार के अतिरिक्त अपनी कार्यकुशलता का परिचय देते हुए 'राष्ट्रधर्म' के साथ-साथ 'पांचजन्य' व 'दैनिक स्वदेश' का प्रकाशन प्रारम्भ कर समाज में अपनी एक अलग पहचान बनाई।

नानाजी के व्यक्तित्व में नई सोच थी। वे प्रयोगवादी थे। उनके प्रयोगवादी रचनात्मक कार्यों का ही एक उदाहरण है–सरस्वती शिशु मंदिर। नानाजी की दूर दृष्टि का ही परिणाम है कि आज सरस्वती शिशु मंदिर भारत की सबसे बड़ी स्कूलों की श्रृंखला बन चुकी है। इसकी नींव नानाजी ने ही 1950 में गोरखपुर में रखी थी। इतना ही नहीं, संस्कार भारती के संस्थापक सदस्यों में से, एक रहे हैं नानाजी।

राष्ट्रीय स्वयंसेवक संघ ने 'राष्ट्रधर्म' का प्रकाशन करने का निर्णय लिया, लेकिन इस कार्य के लिए कुछ लोगों की

आवश्यकता महसूस हुई तो पंडित दीनदयाल को मार्गदर्शक, अटल बिहारी वाजपेयी को सम्पादक व नानाजी को प्रबन्ध निदेशक का दायित्व दिया गया। नानाजी ने अपने पद संबंधी कार्यभार के अतिरिक्त अपनी कार्यकुशलता का परिचय देते हुए 'राष्ट्रधर्म' के साथ-साथ 'पांचजन्य' व 'दैनिक स्वदेश' का प्रकाशन प्रारम्भ कर समाज में अपनी एक अलग पहचान बनाई।

नानाजी की कार्यशैली से प्रभावित होकर उन्हें 1951 में पंडित दीनदयाल के साथ भारतीय जनसंघ का कार्य करने को कहा गया। नानाजी के कार्य करने का तरीका अलग था, उनके अनुसार राजनीति में 'संघर्ष नहीं बल्कि समन्वय होना चाहिए', 'सत्ता नहीं, अन्तिम व्यक्ति की सेवा' का भाव होना चाहिए और उन्होंने इन वाक्यों को स्थापित करने की कोशिश भी की।

लोकनायक जयप्रकाश नारायण, डॉ. राम मनोहर लोहिया, पं. गोविन्द वल्लभ पंत, पुरुषोत्तमदास टंडन, लाल बहादुर शास्त्री, गुरुजी, पंडित दीनदयाल उपाध्याय आदि महापुरुषों के साथ नानाजी के अच्छे घनिष्ठ संपर्क और सम्बन्ध थे। इनके अलावा विनोबा भावे के साथ रहकर भूदान आंदोलन से भी नानाजी जुड़े थे।

सन् 1962 में डॉ. राम मनोहर लोहिया ने पंडित जवाहरलाल नेहरू के समक्ष चुनाव लड़ा। इस चुनाव में नानाजी ने अथक प्रयत्न किया। इसमें वह सफल भी हुए और इसका परिणाम यह हुआ कि डॉ. लोहिया भले ही चुनाव हार गए, पर वे जनसंघ के निकट आ गए और विभिन्न विषयों पर विचार-विमर्श होने लगे। बाद में डॉ. लोहिया तथा पं. दीनदयाल उपाध्याय का भारत-पाक महासंघ के संबंध में एक महत्त्वपूर्ण संयुक्त वक्तव्य भी प्रकाशित हुआ।

उत्तर प्रदेश में कांग्रेस की विरोधी भारतीय जनसंघ के संगठन को व्यापक और सुदृढ़ करने का कार्य कांग्रेस की विरोधी पार्टी जनसंघ के निर्माण के तुरन्त पश्चात नानाजी को सौंपा गया था। यह उन्हीं के परिश्रम का परिणाम था कि भारतीय जनसंघ उत्तर प्रदेश में कांग्रेस, प्रजा समाजवादी पार्टी, कम्युनिस्ट पार्टी इत्यादि की तुलना में एक नवीन संगठन होते हुए भी पांच सालों में विधानसभा में सबसे महत्त्वपूर्ण राजनैतिक दल के रूप में उभर कर सामने आई। यही नहीं सन् 1962 तक पहुंचते-पहुंचते तो जनसंघ प्रदेश की प्रमुख राजनैतिक शक्ति बन गई। यही कारण था कि नानाजी को उत्तर प्रदेश

के साथ-साथ बिहार का काम भी सौंपा गया था और भारतीय जनसंघ बिहार में भी अपना स्थान बनाने में सफल हुआ। नानाजी की मेहनत रंग लाई और 1967 में अनेक प्रांतों में कांग्रेस को करारी हार का सामना करना पड़ा।

इस संघ के कई महत्त्वपूर्ण कार्यकर्ताओं का अभिमत था कि उत्तर प्रदेश तथा बिहार में संयुक्त सरकार बनाने का प्रयास किया जाए, अधिकांश लोगों की दृष्टि में नानाजी देशमुख ही उन साझा सरकारों के प्रणेता थे, परन्तु ऐसा नहीं था, वास्तविकता यह है कि वह ऐसी साझा सरकारों के प्रयोग के पक्षधर नहीं थे। परन्तु जब सब लोगों की राय ऐसे प्रयोगों को करने के लिए बन गई, तब ये नानाजी के ही प्रयास थे, फलस्वरूप चौधरी चरण सिंह जी और उनके सहयोगियों को कांग्रेस से विरक्त कर उत्तर प्रदेश में पहली साझा सरकार बन सकी। इससे नानाजी की अनुशासनप्रियता और सबको साथ लेकर चलने की क्षमता सबके समक्ष प्रदर्शित हुई।

11 फरवरी, 1968 को पं. दीनदयाल का निधन हो गया। उनके अकाल निधन के बाद नानाजी ने 'दीनदयाल स्मारक समिति' का पंजीयन कराया और एक नए अध्याय की शुरुआत की। इसके बाद विधिवत 'एकात्म मानव दर्शन' के सिद्धांत को व्यावहारिक धरातल पर कार्य करने हेतु 'दीनदयाल शोध संस्थान' कार्यालय, नई दिल्ली में नानाजी के नेतृत्व में कार्य करने लगा।

इसी दौरान नानाजी को एक और कार्य सौंपा गया, जयप्रकाश नारायण ने 'समग्र क्रांति' के नाम से कार्य प्रारम्भ किया, जिसका मुख्य केन्द्र पटना था। इस समग्र क्रांति के आंदोलन का महामंत्री नानाजी को बनाया गया। उन्होंने कभी किसी काम से मुंह मोड़ना नहीं सीखा था, इसलिए नानाजी पूरे मनोयोग से समग्र क्रांति के कार्य में जयप्रकाश जी के सहयोगी बने।

राजनीति के दांवों में उनकी पटुता की प्रशंसा ऐसी थी कि उनके विरोधी उन्हें नाना देखमुख नहीं, नाना फड़नवीस ही कहा करते थे। 1977 के आपातकाल में तृतीय डिक्टेटर के नाते शासन का गुप्तचर विभाग भी उनको समझ नहीं पाया था।

आपातकाल से तात्पर्य, जब श्रीमती इन्दिरा गांधी को इलाहाबाद हाईकोर्ट ने लोकसभा की सदस्यता से वंचित कर दिया तब श्रीमती गांधी ने लोकसभा से त्यागपत्र देने के बजाय, देश में इमरजेंसी लागू कर दी। उन्होंने स्वयं को प्रधानमंत्री पद पर बनाये रखा और विरोधी दलों के सभी सदस्यों को जेल

में भिजवा दिया। इसके बाद फरवरी माह में इन्दिरा गांधी ने लोकसभा के आम चुनाव की घोषणा कर दी। जेल से सभी नेताओं को छुट्टी दी गई, किन्तु नानाजी को जेल में ही बन्दी बनाये रखा गया। नानाजी को छोड़ने के लिए कहा गया तो इन्दिरा गांधी ने कहा कि नानाजी तो चुनाव नहीं लड़ रहे हैं, उनको छोड़ने की क्या जरूरत है। तब जनसंघ के अन्य सभी नेताओं ने नानाजी से चुनाव लड़ने को कहा लेकिन नानाजी ने चुनाव लड़ने से इंकार कर दिया, मैं जेल में रहूंगा। तब रामनाथ गोयनका के दिमाग में एक बात आई और उन्होंने जयप्रकाश से कहा कि आपके कहे बिना नानाजी चुनाव लड़ने को तैयार नहीं होंगे। जयप्रकाश ने नानाजी के पास अपना संदेशवाहक भेजकर चुनाव लड़ने के लिए उन्हें राजी कराया। नानाजी जेल से छूट गए।

> आपातकाल से तात्पर्य, जब श्रीमती इन्दिरा गांधी को इलाहाबाद हाईकोर्ट ने लोकसभा की सदस्यता से वंचित कर दिया, तब श्रीमती गांधी ने लोकसभा से त्यागपत्र देने के बजाय देश में इमरजेंसी लागू कर दी। उन्होंने स्वयं को प्रधानमंत्री पद पर बनाये रखा और विरोधी दलों के सभी सदस्यों को जेल में भिजवा दिया। इसके बाद फरवरी माह में इन्दिरा गांधी ने लोकसभा के आम चुनाव की घोषणा कर दी। जेल से सभी नेताओं को छुट्टी दी गई, किन्तु नानाजी को जेल में ही बन्दी बनाये रखा गया। नानाजी को छोड़ने के लिए कहा गया तो इन्दिरा गांधी ने कहा कि नानाजी तो चुनाव नहीं लड़ रहे हैं, उनको छोड़ने की क्या जरूरत है। तब जनसंघ के अन्य सभी नेताओं ने नानाजी से चुनाव लड़ने को कहा, लेकिन नानाजी ने चुनाव लड़ने से इंकार कर दिया, मैं जेल में रहूंगा।

जेल से छूटने के बाद पार्टी की तरफ से उन्हें बलरामपुर से चुनाव लड़ने को कहा गया। वे पौने दो लाख से अधिक वोटों से जीते। परिणामतः मोरारजी देसाई की सरकार बनी। मोरारजी देसाई को उनकी काबिलीयत पर पूरा भरोसा था, इसलिए उन्होंने नानाजी से पूछे बिना उन्हें अपने कैबिनेट में उद्योग मंत्री बनाने की घोषणा कर दी, किन्तु नानाजी सत्ता या पद के लोभी नहीं थे। वे देश सेवक थे और सिर्फ देश की सेवा करना चाहते थे। नानाजी ने मंत्री पद स्वीकार नहीं किया। उन्होंने कहा कि वे देहातों में सामाजिक कार्य करेंगे। नानाजी के अनुसार 60 वर्ष की आयु पूर्ण होने के साथ ही

सक्रिय व्यक्ति को राजनीति से मुक्त हो जाना चाहिए। अपने इस विचार को उन्होंने खुद पर भी लागू किया। 1977 में बंगाल की खाड़ी की ओर से उठे समुद्री तूफान ने आंध्रप्रदेश एवं उड़ीसा के तटीय जिलों में भारी तबाही मचाई। काफी कुछ तहस-नहस हो गया। कई गांवों का नामोनिशान नहीं रहा। नानाजी ने अपने साथियों के साथ मिलकर मजबूर लोगों की सहायता की और अमनीगढ़ा तहसील में मुलापालम् गांव का पुनर्निर्माण कर दीनदयालपुरम के रूप में पुनः बसाया तथा उड़ीसा के सुन्दरगढ़ जिले के लिए आंखों के चलते-फिरते अस्पताल की शुरुआत की।

नानाजी ग्रामीणों की स्थिति में सुधार लाना चाहते थे। उन्होंने 1978 में गोण्डा बलरामपुर के पास जमीन लेकर जयप्रभा ग्राम नाम से ग्राम विकास, गो-संवर्धन, शिक्षा और कृषि तंत्र में सुधार संबंधी काम करना प्रारम्भ किया। उसी समय तुरन्त 25 हजार से भी अधिक बांस के नलकूपों का नया प्रयोग कर अलाभकारी जोत को लाभकारी बनाया व कर्ज से लदे भुखमरी का सामना कर रहे किसानों को खुशहाल बनाया।

अपने लम्बे राजनैतिक जीवन में नानाजी ने यह अनुभव कर लिया था कि केवल राजनीति से समाज कल्याण नहीं हो सकता है। इसके लिए कुछ अलग से कदम उठाने होंगे। उनका विश्वास था कि आर्थिक आत्मनिर्भरता व सामाजिक पुनर्रचना से ही सार्थक सामाजिक बदलाव संभव है। उन्होंने दीनदयाल शोध संस्थान के आरंभिक कार्यों को अब विस्तार देना प्रारंभ कर दिया। कई प्रकार के शोध किए गए और संस्थान का काम देश के विभिन्न भागों में शुरू हुआ। गोण्डा, बीड, नागपुर, अहमदाबाद, सिंहभूम, दिल्ली और चित्रकूट में यह संस्थान कई वर्षों से लगातार काम कर रहा है। नानाजी शिक्षा के महत्त्व को समझते थे। सन् 1991 में भगवानन्दजी महाराज के आग्रह पर नानाजी चित्रकूट आये। वहां उन्होंने देश के पहले ग्रामीण विश्वविद्यालय की स्थापना की और इसका नाम रखा 'चित्रकूट ग्रामोदय विश्वविद्यालय।' सन् 1991 से 1994 तक नानाजी ग्रामोदय विश्वविद्यालय के संस्थापक कुलाधिपति रहे। लेकिन सरकार की नीतियों से वे परेशान थे, अंततः तंग आकर 1995 में कुलाधिपति पद से त्याग पत्र दिया और विश्वविद्यालय का काम सरकार के जिम्मे छोड़ दिया।

नानाजी का जीवन अभावों से घिरा था। जब से उन्होंने होश संभाला, अभावों ने चुनौतियों का स्थान ले लिया।

अपने जीवन के चुनौतीपूर्ण अनुभवों के साथ नानाजी ने 'चित्रकूट प्रकल्प दीनदयाल शोध संस्थान' के नाम से अलग कार्य प्रारम्भ किया। आज इसके विस्तार रूप में आरोग्यधाम, उद्यमिता विद्यापीठ, रामदर्शन, कृषि विज्ञान केन्द्र, जल प्रबन्धन, सुरेन्द्रपाल ग्रामोदय विद्यालय, गुरुकुल संकुल, नन्ही दुनिया, शैक्षणिक अनुसंधान केन्द्र, दिशादर्शन केन्द्र, जन शिक्षण संस्थान, आजीवन स्वास्थ्य संवर्धन महाविद्यालय, गौ-विकास एवं अनुसंधान केन्द्र, रामनाथ आश्रमशाला, कृष्णादेवी वनवासी बालिका आवासीय विद्यालय, परमानंद आश्रम पद्धति विद्यालय, समाजशिल्पी दंपति योजना एवं स्वावलम्बन अभियान जैसे कई प्रकल्प चल रहे हैं।

राष्ट्रीय प्रश्नों पर दृष्टिकोण

नानाजी ने राष्ट्रीय प्रश्नों पर सच्ची राष्ट्रभक्ति से भरपूर अपने दृष्टिकोण को खुलकर रखने में कभी भी कोई कंजूसी नहीं की। उन्होंने जो कहा खुलकर कहा। चाहे संविधान के स्वरूप का प्रश्न हो या आर्थिक नवरचना का, धर्मांतरण का प्रश्न हो या श्रम-कानूनों का मुद्दा ही क्यों न हो।

नानाजी ने माना था कि ग्राम समाज की एक इकाई है और जब तक समाज परस्पर आश्रित नहीं होगा, तब तक ग्रामोदय संभव नहीं होगा। बच्चे का सर्वप्रथम शिक्षक उसका परिवार ही होता है, वह जिस माहौल में पलता-बढ़ता है, उसी की नकल करता है। अत: नानाजी का मानना है कि हर नागरिक के कुछ सामाजिक दायित्व होते हैं और इन सामाजिक दायित्वों का बीजारोपण करना परिवार का नैसर्गिक कर्त्तव्य है।

नानाजी ने राष्ट्रीय प्रश्नों पर सच्ची राष्ट्रभक्ति से भरपूर अपने दृष्टिकोण को खुलकर रखने में कभी भी कोई कंजूसी नहीं की। उन्होंने जो कहा, खुलकर कहा। चाहे संविधान के स्वरूप का प्रश्न हो या आर्थिक नवरचना का, धर्मांतरण का प्रश्न हो या श्रम-कानूनों का मुद्दा ही क्यों न हो। उन्होंने सभी विषयों पर बेबाक राय दी। नानाजी के लिए कोई अपना-पराया नहीं था, वे सभी को दिल से चाहते थे, उनके आत्मीय रिश्ते न केवल विभिन्न राजनैतिक दलों के प्रमुख लोगों से थे, बल्कि समाज के विभिन्न वर्गों के प्रतिनिधियों से भी समान रूप से आत्मीयता स्थापित कर लेने का विशिष्ट गुण उनमें था। सभी दर्जे, वर्ग, जाति के लोग उनके अपने थे। उद्योगपति, किसान, दलित या वनवासी, प्रत्येक समुदाय के लोगों से उनके आत्मीय संबंध थे। सामाजिक कार्यकर्ता होने के कारण आर्थिक-सामाजिक नवरचना

के विस्तृत पक्षों का उन्हें ज्ञान था, वे जनता से जुड़े हुए थे। साथ ही प्रिंट मीडिया, इलेक्ट्रॉनिक मीडिया, साहित्य आदि की भी उनकी जानकारी अनूठी थी।

महात्मा गांधी सम्मान, एकात्मता पुरस्कार, श्रेष्ठ नागरिक सम्मान, पद्म विभूषण, वरिष्ठ नागरिक सम्मान, मानस हंस, जीवन गौरव, संत ज्ञानेश्वर पुरस्कार आदि पुरस्कारों से नानाजी को सम्मानित किया गया है। उन्हें अजमेर, मेरठ, झांसी, पूना एवं चित्रकूट विश्वविद्यालय द्वारा डी. लिट् की मानद उपाधि दी गयी। कर्मयोगी नानाजी महामहिम राष्ट्रपति द्वारा 1999 में राज्यसभा के मनोनीत सदस्य रहे। नानाजी अमेरिका, इंग्लैंड, क्यूबा, जर्मनी, कनाडा, दक्षिण कोरिया, जापान, डेनमार्क, थाईलैण्ड, केन्या इत्यादि देशों में भारतीय जीवन मूल्यों की स्थापना के लिए रहे भी।

नानाजी देशमुख एक आदर्श व्यक्ति थे। उनका जीवन लोगों के लिए प्रेरणा का स्रोत रहा है और रहेगा। हम सबको अलविदा कहते हुए 27 फरवरी, 2010 को उन्होंने इस लोक से विदा ली। अपने जीवन में ही उन्होंने यह कह दिया था कि उनकी मृत्यु के पश्चात उनके शरीर को जलाया नहीं जाएगा, बल्कि शोध के लिए अखिल भारतीय आयुर्विज्ञान संस्थान, दिल्ली को सौंप दिया जाएगा। इस प्रकार जीवन भर तो उन्होंने समाज सेवा की ही, जीवन त्यागने के बाद भी वे अपना मृत शरीर समाज की सेवा हेतु मेडिकल संस्था को समर्पित कर गए।

तपोभूमि चित्रकूट

> नानाजी का बचपन भी काफी अभावों में बीता था, इसलिए उनके अंदर दबे-पिछड़े गरीब लोगों के प्रति दया का भाव था। वे शिक्षा का महत्त्व जानते थे, अतः स्वयं शिक्षित होने के लिए नानाजी ने सब्जी बेचकर अपनी पढ़ाई जारी रखी।

नानाजी देशमुख का जन्म, एक मराठी ब्राह्मण परिवार में हुआ था। लेकिन उन्होंने अपना संपूर्ण जीवन उत्तर प्रदेश के चित्रकूट के गांवों को समर्पित कर दिया।

नानाजी ने अपनी कर्मभूमि उसी चित्रकूट को बनाया, जिसे भगवान राम की तपोभूमि चित्रकूट कहा जाता है। नानाजी का मानना था कि जब अपने वनवासकाल के दौरान भगवान राम चित्रकूट में आदिवासियों तथा दलितों के उत्थान का कार्य कर सकते हैं, तो मैं क्यों नहीं कर सकता। यह निर्णय उन्होंने श्रीराम का अनुसरण करते हुए किया।

सभी नेतागण राजनीतिज्ञ आदि स्वयं को समाजसेवी कहते हैं, किंतु कुछ ऐसे भी समाजसेवी रहे हैं, जिन्होंने बचपन से ही इस कार्य में हाथ बंटाना शुरू कर दिया। उन्हीं में सर्वोपरि प्रख्यात समाजसेवी नानाजी देशमुख का जन्म महाराष्ट्र के परभणी जिले में 11 अक्टूबर, सन 1916 को एक ब्राह्मण परिवार में हुआ था। उन्हें भारत सरकार ने उनके सामाजिक कार्यों के लिए पद्म विभूषण से सम्मानित किया था। उनका कहना था, 'मैं अपने लिए नहीं, अपनों के लिए हूं' वे अपने लिए जीवन नहीं जी रहे थे बल्कि अपनों यानी अपने देशवासियों के लिए जी रहे थे। इस लक्ष्य वाक्य पर चलते हुए महाराष्ट्र के एक समाजसेवी ने भारत के उन कई गांवों की तस्वीर बदल दी, जहां की हालत यह थी कि यदि वे न होते तो शायद आज भी

विकास की गंध कोसों दूर होती। नानाजी ने अपनी कर्मभूमि भगवान राम की तपोभूमि चित्रकूट को बनाया। उनका मानना था कि जब अपने वनवासकाल के प्रवास के दौरान भगवान राम चित्रकूट में आदिवासियों तथा दलितों के उत्थान का कार्य कर सकते हैं, तो वे क्यों नहीं। इसी विचार के साथ जब नानाजी चित्रकूट में पहली बार 1989 में आए तो यहीं बस गए। नानाजी ने स्वयं गरीबी में अपना बचपन बिताया और तन-मन से लोककल्याण कार्यों में लग गए।

बचपन से किशोरावस्था के बीच उनके मन में भारत के गाँवों की दुर्दशा ने गहरी छाप छोड़ी थी। नानाजी हर समय गांवों के विकास और लोगों के उत्थान के लिए चिंतित रहते थे। वे सभी अनदेखी, अनकही परेशानियों से परिचित थे, क्योंकि नानाजी का बचपन भी काफी अभावों में बीता था, इसलिए उनके अंदर दबे-पिछड़े गरीब लोगों के प्रति दया का भाव था। वे शिक्षा का महत्त्व जानते थे, अतः स्वयं शिक्षित होने के लिए नानाजी ने सब्जी बेचकर अपनी पढ़ाई जारी रखी।

आरएसएस और नानाजी

> 1910 में जब डॉक्टरी की पढ़ाई के लिए कोलकाता गये तो उस समय वहां देश की नामी क्रांतिकारी संस्था 'अनुशीलन समिति' से जुड़ गये। 1915 में नागपुर लौटने पर वह कांग्रेस में सक्रिय हो गये और कुछ समय में विदर्भ प्रांतीय कांग्रेस के सचिव बन गये।

किसी भी संस्था की सफलता इस बात पर निर्भर करती है कि आने वाली पीढ़ी कितने सक्षमरूप से नेतृत्व त्यागने के लिए तैयार खड़ी है। नानाजी देशमुख ने अपनी पूर्व की पीढ़ी को कभी भी अभाव नहीं होने दिया।

जैसा कि हम सभी जानते हैं, आरएसएस संस्था किसी को अपना परिचय देने की मोहताज नहीं है। आरएसएस के संस्थापक डॉ. केशव बलिराम हेडगेवार थे। नानाजी के उनसे पारिवारिक सम्बन्ध भी थे। नानाजी की उभरती सामाजिक प्रतिभा किसी से छिपी नहीं थी। उसी को पहचानते हुए हेडगेवार ने उन्हें संघ की शाखा में आने के लिए आमंत्रित किया।

राष्ट्रीय स्वयंसेवक संघ के संस्थापक डॉ. केशव राव बलिराम हेडगेवार का जन्म 1 अप्रैल, 1889 को नागपुर के एक गरीब ब्राह्मण परिवार में हुआ था। वह बचपन से ही क्रांतिकारी प्रवृत्ति के थे और उन्हें अंग्रेज शासकों से घृणा थी। अभी स्कूल में ही पढ़ते थे कि अंग्रेज इंस्पेक्टर के स्कूल में निरीक्षण के लिए आने पर केशव राव ने अपने कुछ सहपाठियों के साथ उनका 'वन्दे मातरम' जयघोष से स्वागत किया, जिस पर वह बिफर गया और उसके आदेश पर केशव राव को स्कूल से निकाल दिया गया। तब उन्होंने मैट्रिक तक अपनी पढ़ाई पूना के नेशनल स्कूल में पूरी की।

1910 में जब डॉक्टरी की पढ़ाई के लिए कोलकाता गये तो उस समय वहां देश की नामी क्रांतिकारी संस्था अनुशीलन समिति से जुड़ गये। 1915 में नागपुर लौटने पर वह कांग्रेस में सक्रिय हो गये और कुछ समय में विदर्भ प्रांतीय कांग्रेस के सचिव बन गये। 1920 में जब नागपुर में कांग्रेस का देश स्तरीय अधिवेशन हुआ तो डॉ. केशव राव बलिराम हेडगेवार (Keshav Baliram Hedgewar) ने कांग्रेस में पहली बार पूर्ण स्वतंत्रता को लक्ष्य बनाने के बारे में प्रस्ताव प्रस्तुत किया तो तब पारित नहीं किया गया। 1921 में कांग्रेस के असहयोग आन्दोलन में सत्याग्रह कर गिरफ्तारी दी और उन्हें एक वर्ष की जेल हुई। तब तक वह इतने लोकप्रिय हो चुके थे कि उनकी रिहाई पर उनके स्वागत के लिए आयोजित सभा को पंडित मोतीलाल नेहरू और हकीम अजमल खां जैसे दिग्गजों ने संबोधित किया।

कांग्रेस में पूरी तन्मन्यता के साथ भागीदारी और जेल जीवन के दौरान जो अनुभव पाए, उससे वह यह सोचने को प्रवृत्त हुए कि समाज में जिस एकता और धुंधली पड़ी देशभक्ति की भावना के कारण हम परतंत्र हुए हैं, वह केवल कांग्रेस के जन आन्दोलन से जागृत और पुष्ट नहीं हो सकती। जन-तन्त्र की परतंत्रता के विरुद्ध विद्रोह की भावना जगाने का कार्य बेशक चलता रहे, लेकिन राष्ट्र जीवन में गहरी हुई विघटनवादी प्रवृत्ति को दूर करने के लिए कुछ भिन्न उपायों की जरूरत है। डॉ. केशव राव बलिराम हेडगेवार के इसी चिन्तन एवं मंथन का प्रतिफल थी राष्ट्रीय स्वयंसेवक संघ नाम से संस्कारशाला के रूप में शाखा पद्धति की स्थापना, जो दिखने में साधारण किन्तु परिणाम में चमत्कारी सिद्ध हुई।

1925 में विजयदशमी के दिन संघ कार्य की शुरुआत के बाद भी उनका कांग्रेस और क्रांतिकारियों के प्रति रुख सकारात्मक रहा। यही कारण था कि दिसम्बर, 1930 में जब महात्मा गांधी द्वारा नमक कानून विरोधी आन्दोलन छेड़ा गया तो उसमें भी उन्होंने संघ प्रमुख (सरसंघ चालक) की जिम्मेदारी डॉ. पराजपे को सौंप कर व्यक्तिगत रूप से अपने एक दर्जन सहयोगियों के साथ भाग लिया, जिसमें उन्हें नौ माह की कैद हुई। इसी तरह 1929 में जब लाहौर में हुए कांग्रेस अधिवेशन में पूर्व स्वराज का प्रस्ताव पास किया गया और 26 जनवरी, 1930 को देश-भर में तिरंगा फहराने का आह्वान किया तो डॉ. केशव राव बलिराम हेडगेवार (Keshav Baliram Hedgewar)

के निर्देश पर सभी संघ शाखाओं में 30 जनवरी को तिरंगा फहराकर पूर्ण स्वराज प्राप्ति का संकल्प किया गया।

इसी तरह क्रांतिकारियों से भी उनके संबंध चलते रहे। जब 1928 में लाहौर में उप-कप्तान सांडर्स की हत्या के बाद भगत सिंह, राजगुरु और सुखदेव फरार हुए तो राजगुरु फरारी के दौरान नागपुर में डॉ. केशव राव बलिराम हेडगेवार के पास पहुंचे थे, जिन्होंने उमरेड में एक प्रमुख संघ अधिकारी भैय्या जी ढाणी के निवास पर ठहरने की व्यवस्था की थी। युगपुरुष डॉ. हेडगेवार का जून, 1940 को निधन हो गया था, किन्तु संघ कार्य अविरल चल रहा है।

सन 1940 में हेडगेवार के निधन के बाद आरएसएस को खड़ा करने की जिम्मेदारी नानाजी पर आ गई और उन्होंने भी इस संघर्ष को अपने जीवन का मूल लक्ष्य बनाते हुए अपना पूरा जीवन संघ के कार्यों में लगा दिया।

आज आरएसएस ही नहीं, भारतीय राजनीति के तमाम संगठन उनकी नेतृत्व क्षमता का लोहा मानते हैं। नानाजी को जब जो भी भूमिका मिली, उन्होंने उसे पूरी जिम्मेदारी से अन्त तक निभाया। संगठन में उनकी भूमिका की बदौलत आरएसएस दुनिया का सबसे बड़ा संगठन बन सकता है।

युवाओं के प्रेरणा स्रोत

> एक राज्य से दूसरे राज्य तक उनका आना-जाना लगा रहा और जहां भी जाते युवा वर्ग उनसे जुड़ता चला जाता। एक गांव से दूसरे गांव तक न जाने कितनी ही मील यात्रा करके जन संगठन बनाने का काम वे करते रहे। किसी भी कार्यकर्त्ता के यहां भोजन करना और जहां शाम हो जाए, वहीं पर किसी भी कार्यकर्त्ता के यहां सो जाना, नानाजी का सहज व्यवहार था।

किसी भी देश की बागडोर वहां के युवाओं के हाथों में सुरक्षित रहती है। यदि देश के युवा को एक बार अच्छी तरह से बता दिया जाए कि उनकी दिशा क्या है? फिर देखिये क्या कमाल होता है।

नानाजी देशमुख आने वाली पीढ़ी के प्रति सचेतन जागरूक थे। वे जानते थे यदि वर्तमान के साथ-साथ भविष्य का भी ध्यान रखा जाएगा तो समाज भारतीय मूल्यों की रक्षा कर सकेगा। यह काम युवा से बढ़कर कोई नहीं कर सकता था।

उन्होंने अपनी इस योजना के अनुसार अपना सारा ध्यान युवा वर्ग पर रखा, यही कारण था कि वे आज के युवा वर्ग के लिए सबसे ज्यादा लोकप्रिय और आदर्श पुरुष हैं।

नाना देश के प्रत्येक युवा वर्ग के प्रेरणा स्रोत रहे हैं। क्योंकि उन्होंने उनके मध्य अपना अधिकतर समय गुजारा था। युवा वर्ग उनकी कथनी-करनी में कोई भेद नहीं मानता था, इसीलिए निरन्तर युवा उनसे जुड़ते चले गये।

नानाजी ने न सिर्फ महाराष्ट्र बल्कि देश के विभिन्न राज्यों में घूम-घूमकर युवाओं को संस्था के उद्‌देश्यों के बारे में बताकर आरएसएस से जुड़ने के लिए प्रेरित किया। उनके अथक, अचूक प्रयासों के कारण

ही वे इस कार्य में काफी हद तक सफल भी हुए। आरएसएस प्रचारक के रूप में जब वे पहली बार आगरा प्रवास पर आए, तब नानाजी देशमुख की मुलाकात पण्डित दीनदयाल उपाध्याय से हुई। आगरा के बाद नानाजी गोरखपुर गए और वहां दिन-रात मेहनत करते हुए आरएसएस की कई शाखाएं तैयार कीं। नानाजी ने अपने उद्‌देश्य पूर्ति के बीच आने वाले किसी भी कार्य को बोझ नहीं समझा, यहां तक कि नानाजी को गोरखपुर में ठहरने के लिए आश्रम संचालक बाबा राघवदास के लिए भोजन तक बनाना पड़ा था।

एक राज्य से दूसरे राज्य तक उनका आना-जाना लगा रहा और जहां भी जाते युवा वर्ग उनसे जुड़ता चला जाता।

एक गांव से दूसरे गांव तक न जाने कितनी ही मील यात्रा करके जन संगठन बनाने का काम वे करते रहे। किसी भी कार्यकर्ता के यहां भोजन करना और जहां शाम हो जाए वहीं पर किसी भी कार्यकर्त्ता के यहां सो जाना, नानाजी का सहज व्यवहार था।

पत्र-पत्रिकाओं का प्रकाशन

> भूमिगत होकर नानाजी ने अपने विचारों के माध्यम से धीरे-धीरे देश-भर में नये सिरे से संगठन को खड़ा किया। वे अच्छी तरह से जानते थे कि यही वो समय है, जब राष्ट्रवाद के लिए चुपचाप रहकर काम करने की जरूरत है।

दुनिया भर में पत्र-पत्रिका का विकास न सिर्फ राजनीतिक चेतना को आगे बढ़ाने के लिए हुआ, बल्कि सामाजिक और नैतिक मूल्य स्थापित करने में अपनी महत्त्वपूर्ण भूमिका निभाई, यूरोप के देशों में तो सत्ता परिवर्तन का मुख्य कारण वहां की पत्र-पत्रिकाओं का हाथ बड़े पैमाने पर चिन्हित किया गया। नानाजी ने भी अपने देश की जरूरत को समझते हुए तमाम राजनीतिक अवरोधों के बाद भी पत्र-पत्रिकाओं को संचालित किया।

जब सरकार और सत्ता आपको खुलकर काम करने नहीं देती, तब ऐसे समय में अपनी लोकप्रियता को दरकिनार करके समाज और देश हित में चुपचाप काम करना पड़ता है। यह हर किसी के बस की बात नहीं है। लेकिन नानाजी ने कठिन समय में इस चुनौती को स्वीकार किया और भूमिगत होकर कार्यकर्ताओं को शिक्षित विदित करने का काम बखूबी किया।

नानाजी देशमुख जनता को शिक्षित करने के पक्ष में थे। आज देश-भर में फैले सरस्वती शिशु मन्दिर नामक स्कूलों की शृंखला के प्रथम स्कूल की स्थापना नानाजी ने सर्वप्रथम गोरखपुर में ही की थी। वे जानते थे कि लोग शिक्षित होंगे, तभी उन्हें विभिन्न माध्यमों की सहायता से जाग्रत किया जा सकता है। 1947 में आरएसएस ने 'पाञ्चजन्य' तथा 'स्वदेश' नामक

दो साप्ताहिक हिंदी समाचार पत्र निकालने की शुरुआत की। अटल बिहारी वाजपेयी ने उसका सम्पादन कार्य, दीनदयाल उपाध्याय ने मार्गदर्शन और नानाजी ने प्रबंध निदेशक की जिम्मेदारी ली। 1948 में गोडसे द्वारा महात्मा गांधी की हत्या की जाने के बाद आरएसएस पर प्रतिबंध लगा दिया गया, लेकिन नानाजी के सहयोग से भूमिगत होकर इन पत्र-पत्रिकाओं का प्रकाशन कार्य जारी रहा।

भूमिगत होकर नानाजी ने अपने विचारों के माध्यम से धीरे-धीरे देश-भर में नये सिरे से संगठन को खड़ा किया। वे अच्छी तरह से जानते थे कि यही वो समय है, जब राष्ट्रवाद के लिए चुपचाप रहकर काम करने की जरूरत है।

उनके द्वारा प्रकाशित विचार युवाओं का मार्गदर्शन करने लगे। इस प्रकार उन्होंने हर कठिन समय में पत्र-पत्रिकाओं के प्रकाशन का कार्य नहीं छोड़ा। इसका नतीजा यह निकला कि देश के अन्दर एक नये प्रकार के पाठ्यवर्ग का निर्माण हुआ, जिसके अन्दर एक नवीन चेतना का विकास हुआ।

उत्तर प्रदेश के हर जिले में जनसंघ की स्थापना

> जनसंघ उत्तर प्रदेश की प्रमुख राजनीतिक शक्ति का केंद्रबिंदु बनाने का श्रेय नानाजी को ही जाता है। उन्होंने राम मनोहर लोहिया की मुलाकात दीनदयाल उपाध्याय से करवाई, जिसके बाद जनसंघ और समाजवादी विचारधारा ने एक होकर कांग्रेस के लिए मुश्किल खड़ी कर दी और कांग्रेस का सत्ता में बने रहना मुश्किल हो गया। आज उत्तर प्रदेश में न सिर्फ भाजपा की सरकार है, बल्कि यहां से जीते सांसदों की बदौलत ही केन्द्र की सरकार को भी पूर्ण बहुमत हासिल हुआ है।

उत्तर प्रदेश में न सिर्फ कोगोलिन रूप में बल्कि सामाजिक विविधता अन्य राज्यों के मुकाबले बहुत ज्यादा मानी जाती है। जाति जकड़न वाला यह राज्य नानाजी के लिए एक चुनौती जरूर था। लेकिन वे अच्छी तरह से जानते थे कि यदि एक बार इस राज्य में सांगठनिक ढांचा खड़ा हो गया हो तो देश के किसी भी स्थान पर संगठन बनाया जा सकता है।

उत्तर प्रदेश की सामाजिक और राजनैतिक संरचना को समझने के लिए उन्होंने सबसे पहले भ्रमण को अपना हथियार बनाया। और जिस भी इलाके में जाते वहां के सामाजिक ताने-बाने को नोट करके रखना शुरू कर दिया।

नानाजी की नेतृत्व क्षमता का लोहा इस बात से ही माना जा सकता है कि जब उन्हें उत्तर प्रदेश का कार्यभार सौंपा गया, तब उन्होंने पूरे प्रदेश में जनसंगठन खड़ा करके दिखा दिया।

नानाजी देशमुख का वक्तव्य बहुत ही प्रभावी सिद्ध होता था। वे लोगों को जोड़ने में माहिर थे। आरएसएस से प्रतिबंध हटने के बाद भारतीय जनसंघ

की स्थापना का निर्णय हुआ, जिसके विस्तार के लिए नानाजी को उत्तर प्रदेश भेजा गया। नानाजी अपने हर काम को पूरी जिम्मेदारी से निभाते थे। अपनी सांगठनिक कौशल की मिसाल कायम करते हुए नानाजी ने 1957 तक उत्तर प्रदेश के हर जिले में जनसंघ की इकाइयां स्थापित कर दीं। जनसंघ उत्तर प्रदेश की प्रमुख राजनीतिक शक्ति का केंद्रबिंदु बनाने का श्रेय नानाजी को ही जाता है। उन्होंने राम मनोहर लोहिया की मुलाकात दीनदयाल उपाध्याय से करवाई, जिसके बाद जनसंघ और समाजवादी विचारधारा ने एक होकर कांग्रेस के लिए मुश्किल खड़ी कर दी और कांग्रेस का सत्ता में बने रहना मुश्किल हो गया।

आज उत्तर प्रदेश में न सिर्फ भाजपा की सरकार है, बल्कि यहां से जीते सांसदों की बदौलत ही केन्द्र की सरकार को भी पूर्ण बहुमत हासिल हुआ है।

नानाजी ने जो आधार तैयार किया था, उसका फल आज वर्तमान सरकार चख रही है। आज प्रत्येक कार्यकर्ता उनके पदचिन्हों पर चलना चाहता है।

जयप्रकाश नारायण (जे.पी.) को सुरक्षित बाहर निकाला

> गांधीवादी नेता जयप्रकाश नारायण के नेतृत्व में पटना में छात्र आन्दोलन की शुरुआत 1974 में हुई थी, लेकिन अंत में इस छात्र आंदोलन ने ऐसी रफ्तार पकड़ी कि उसने सीधे केन्द्र में तत्कालीन इंदिरा गांधी की सरकार को निशाने पर ले लिया। इतिहास में दर्ज हो चुके इस आंदोलन को आज लोग संपूर्ण क्रांति और जे.पी. आंदोलन के नाम से भी जानते हैं। इस आंदोलन का असर पूरे देश की राजनीति पर पड़ा और बाद में जनता पार्टी की सरकार का गठन हुआ।

18 मार्च, 1974 को जयप्रकाश नारायण के नेतृत्व में पटना में छात्र आंदोलन की शुरुआत हुई थी। इस आंदोलन ने केवल बिहार की नहीं बल्कि पूरे देश की राजनीति को बदल दिया था। करीब एक साल चले इस आंदोलन के चलते ही देश को लोकतंत्र का सबसे काला समय कहे जाने वाले 'आपातकाल' का सामना करना पड़ा। आपको याद दिला दें कि 26 जून, 1975 को तत्कालीन प्रधानमंत्री इंदिरा गांधी ने एक अप्रत्याशित कदम उठाते हुए देश में आपातकाल घोषित कर दिया था। इस आंदोलन की शुरुआत यूं तो बिहार को भ्रष्टाचार मुक्त बनाने के लिए गांधीवादी नेता जयप्रकाश नारायण के नेतृत्व में 1974 में हुई थी, लेकिन अंत में इस छात्र आंदोलन ने ऐसी रफ्तार पकड़ी कि उसने सीधे केन्द्र में तत्कालीन इंदिरा गांधी की सरकार को निशाने पर ले लिया। इतिहास में दर्ज हो चुके इस आंदोलन को आज लोग संपूर्ण क्रांति और जे.पी. आंदोलन के नाम से भी जानते हैं। इस आंदोलन का असर पूरे देश की राजनीति पर पड़ा और बाद में जनता पार्टी की सरकार का गठन हुआ।

'संपूर्ण क्रांति' जयप्रकाश नारायण का विचार व नारा था, जिसका

आह्वान उन्होंने इंदिरा गांधी की सत्ता को उखाड़ फेंकने के लिये किया था। लोकनायक ने कहा था कि संपूर्ण क्रांति में सात क्रांतियां शामिल हैं- राजनैतिक, आर्थिक, सामाजिक, सांस्कृतिक, बौद्धिक, शैक्षणिक व आध्यात्मिक क्रांति। इन सातों क्रांतियों को मिलाकर सम्पूर्ण क्रान्ति होती है। पटना के ऐतिहासिक गांधी मैदान में जयप्रकाश नारायण ने संपूर्ण क्रांति का आह्वान किया था। मैदान में उपस्थित लाखों लोगों ने जात-पात, तिलक, दहेज और भेद-भाव छोड़ने का संकल्प लिया था। उसी मैदान में हजारों-हजार ने अपने जनेऊ तोड़ दिये थे। नारा गूंजा था...जात-पात तोड़ दो, तिलक-दहेज छोड़ दो। समाज के प्रवाह को नयी दिशा में मोड़ दो। संपूर्ण क्रांति की तपिश इतनी भयानक थी कि केन्द्र में कांग्रेस को सत्ता से हाथ धोना पड़ गया था। जयप्रकाश नारायण की हुंकार पर नौजवानों का जत्था सड़कों पर निकल पड़ता था। बिहार से उठी सम्पूर्ण क्रांति की चिंगारी देश के कोने-कोने में आग बनकर भड़क उठी थी। जे.पी. के नाम से मशहूर जयप्रकाश नारायण घर-घर में क्रांति का पर्याय बन चुके थे। लालू यादव, नीतीश कुमार, रामविलास पासवान और सुशील कुमार मोदी, आज के सारे नेता उसी छात्र युवा संघर्ष वाहिनी का हिस्सा थे। इसके अलावा देश के भूतपूर्व प्रधानमंत्री चंद्रशेखर ने भी इस आंदोलन में बढ़ कर हिस्सा लिया था। 'संपूर्ण क्रांति से मेरा तात्पर्य समाज के सबसे अधिक दबे-कुचले व्यक्ति को सत्ता के शिखर पर देखना है।' 'लोकनायक जयप्रकाश नारायण' जयप्रकाश नारायण द्वारा चलाए जा रहे आंदोलन से तत्कालीन प्रधानमंत्री इंदिरा गांधी बेहद डर गई थीं। उन्हें डर था कि अमेरिकी गुप्तचर एजेंसी सीआईए जे.पी. की मदद से उनको सरकार से बेदखल करना चाहती है। इस बात का जिक्र

'संपूर्ण क्रांति से मेरा तात्पर्य समाज के सबसे अधिक दबे-कुचले व्यक्ति को सत्ता के शिखर पर देखना है।' 'लोकनायक जयप्रकाश नारायण' जयप्रकाश नारायण द्वारा चलाए जा रहे आंदोलन से तत्कालीन प्रधानमंत्री इंदिरा गांधी बेहद डर गई थीं। उन्हें डर था कि अमेरिकी गुप्तचर एजेंसी सीआईए जे.पी. की मदद से उनको सरकार से बेदखल करना चाहती है। इस बात का जिक्र भाजपा के वरिष्ठ नेता लालकृष्ण आडवाणी ने इमरजेंसी के 40 साल पूरे होने पर दिए एक साक्षात्कार में किया था।

भाजपा के वरिष्ठ नेता लालकृष्ण आडवाणी ने इमरजेंसी के 40 साल पूरे होने पर दिए एक साक्षात्कार में किया था। बताया जाता है कि जैसे-जैसे देश में जे.पी. का आंदोलन बढ़ रहा था, वैसे-वैसे इंदिरा गांधी के मन में एक अजीब-सा भय पैदा हो गया था। देश के हालात जिस तरह के हो गए थे, उससे उन्हें लगने लगा था कि विदेशी ताकत की मदद से देश में आंदोलन चलाए जा रहे हैं और उनकी सरकार का तख्ता पलट कर दिया जाएगा। अपनी सरकार के तख्तापलट से डरी इंदिरा गांधी ने 1975 में आपातकाल की घोषणा कर दी। जे.पी. सहित 600 से भी ज्यादा सत्ता विरोधी नेताओं को बंदी बना लिया गया था। कुछ दिन बाद जे.पी. की तबीयत ज्यादा खराब होने लगी, जिसे देखते हुए सात महीने बाद उनको जेल से छोड़ दिया गया, लेकिन उन्होंने हार नहीं मानी। 1977 में सत्ता विरोधी लहर में इंदिरा गांधी को हार का सामना करना पड़ा। जे.पी. की वजह से ही इंदिरा गांधी रोने पर मजबूर हो गई थीं।

> कांग्रेस को सत्ता से हटा कर जनता पार्टी अस्तित्व में आई। आपातकाल हटने के बाद जब चुनाव हुआ तो नानाजी देशमुख यूपी के बलरामपुर से लोकसभा सांसद चुने गए। नानाजी ने अपनी और पार्टी की साख बनाए रखने के लिए जी तोड़ मेहनत की। और उन्हें मोरारजी मंत्रिमंडल में शामिल होने का न्योता दिया गया, लेकिन नानाजी देशमुख की महानता देखिए उन्होंने अपनी ही बात सबसे पहले अपने पर ही लागू की और यह कहकर प्रस्ताव ठुकरा दिया कि 60 वर्ष की उम्र के बाद सांसद राजनीति से दूर रहकर सामाजिक व सांगठनिक कार्य करें तो बेहतर रहता है।

उस समय नानाजी का ही एक ऐसा अनूठा व्यक्तित्व था, जो विभिन्न दलों को एकजुट करने का सामर्थ्य रखता था। उत्तर प्रदेश की पहली गैर कांग्रेसी सरकार के गठन में विभिन्न राजनीतिक दलों को एकजुट करने में नानाजी का महत्त्वपूर्ण योगदान रहा। नानाजी में न सिर्फ सांगठनिक राजनीतिक, बल्कि भावनात्मक कौशल भी था। जे.पी. आंदोलन के समय जब लोकनायक जयप्रकाश नारायण के ऊपर पुलिस का लाठीचार्ज हुआ, तब नानाजी ने साहस का परिचय देते हुए जयप्रकाश नारायण (जे.पी.) को सुरक्षित बाहर निकाल लिया। जनता पार्टी के संस्थापकों में नानाजी प्रमुख

थे। उन्हीं के प्रयासों ने कांग्रेस के समक्ष उसे टक्कर देने के लिए एक नया दल तैयार किया।

कांग्रेस को सत्ता से हटा कर जनता पार्टी अस्तित्व में आई। आपातकाल हटने के बाद जब चुनाव हुआ तो नानाजी देशमुख यूपी के बलरामपुर से लोकसभा सांसद चुने गए। नानाजी ने अपनी और पार्टी की साख बनाए रखने के लिए जी तोड़ मेहनत की। और उन्हें मोरारजी मंत्रिमंडल में शामिल होने का न्योता दिया गया, लेकिन नानाजी देशमुख की महानता देखिए, उन्होंने अपनी ही बात सबसे पहले अपने पर ही लागू की और यह कहकर प्रस्ताव ठुकरा दिया कि 60 वर्ष की उम्र के बाद सांसद राजनीति से दूर रहकर सामाजिक व सांगठनिक कार्य करें तो बेहतर रहता है।

नानाजी का राजनीतिक जीवन बेदाग रहा। उन्होंने कभी ऐसा काम नहीं किया, जिससे कोई उन पर उंगली उठा सके। 1960 में लगभग 60 वर्ष की उम्र में नानाजी ने राजनीतिक जीवन से संन्यास लेते हुए सामाजिक जीवन में पदार्पण किया। वे आश्रमों में रहकर सामाजिक कार्य (खासतौर पर गाँवों में) करते रहे, परन्तु कभी अपना प्रचार नहीं किया। यही एक सच्चे देशसेवक की पहचान थी।

गरीबों का दर्द

> किसी ने ठीक ही कहा है गरीबी को वही दूर कर सकता है, जिसने गरीबी देखी है। उनकी दु:ख तकलीफ वही समझ सकता है, जिसने गरीबी का दंश झेला है। नानाजी हमेशा गरीबों को देखकर दु:खी हो जाते थे।

देश में न जाने कितने लोग आये और न जाने कितने लोग चले गये, जिन्होंने देश की गरीबी को मिटाने का दावा और वायदा किया था, लेकिन आजादी के 70 साल बाद भी अभी तक गरीबी का दंश हमारे देश से दूर नहीं हो पाया है।

नानाजी देशमुख यह अच्छी तरह से जानते थे कि जब तक कोई कामयाब मॉडल विकसित नहीं करेंगे, तब तक शायद ही कोई सरकार इस ओर ध्यान दे।

नानाजी का सम्पूर्ण जीवन गरीबी को दूर करने में लगा रहा। वे जानते थे जब तक देश की गरीबी दूर नहीं होगी, तब तक गांवों का देश कहलाने वाला भारत प्रगति के पथ पर आगे नहीं बढ़ सकता है।

नानाजी का अपना प्रारंभिक जीवन अभावों में ही बीता, इसलिए वे दूसरों के बजाय गरीबों का दर्द अच्छी तरह समझे थे। उनकी भावुक तथा धार्मिक प्रवृत्ति ने उन्हें चित्रकूट में रहकर सेवाकार्य करने को प्रेरित किया।

1989 में भारत भ्रमण के दौरान नानाजी पहली बार भगवान राम की तपोभूमि चित्रकूट आए और अंतिम रूप से यहीं बस गए। उन्होंने यहां पर गांवों की बदहाली देखी और फिर लोगों के लिए हर तरह का सहायता संबंधी काम करने की ठान ली।

27 फरवरी, 2010 को नानाजी का देहांत यहीं पर हुआ। 1999 में नानाजी को पद्म विभूषण से सम्मानित कर उनके कार्यों को सराहा गया।

तत्कालीन राष्ट्रपति ए.पी.जे. अब्दुल कलाम भी नानाजी की समाजसेवा के कायल थे। नानाजी ने समाजसेवकों में स्वयं को एक मिसाल का रूप दे दिया। उनके सहृदय व्यवहार से प्रतिद्वंद्वी भी उनकी बुराई करने से झिझकते थे।

नानाजी ने अपने मृत शरीर को मेडिकल शोध हेतु दान करने का वसीयतनामा निधन से काफी पहले 1997 में ही लिखकर दे दिया था। निधन के बाद नानाजी का शव अखिल भारतीय आयुर्विज्ञान संस्थान को सौंप दिया गया। नानाजी का त्याग सराहनीय था।

किसी ने ठीक ही कहा है गरीबी को वही दूर कर सकता है, जिसने गरीबी देखी है। उनकी दुःख-तकलीफ वही समझ सकता है, जिसने गरीबी का दंश झेला है। नानाजी हमेशा गरीबों को देखकर दुःखी हो जाते थे।

राजनीति से संन्यास

> नानाजी अपनी काबिलीयत के बल पर जनता पार्टी के मंत्रिमंडल में कोई बड़ा मंत्रालय मांग सकते थे और लोगों में चर्चा भी थी कि वह गृहमंत्री बनेंगे, लेकिन अपनी सोच के अनुसार, अपने कहे अनुसार जैसे ही वह 60 साल के हुए, राजनीति छोड़ दी और चित्रकूट में एकात्म मानववाद की कल्पना लेकर ग्रामीण विकास के काम में लग गए और जीवन पर्यन्त लगे रहे। वे सच्चे देशसेवक थे। उन्होंने स्थान या नाम नहीं चुना बल्कि काम चुना और काम को ही महत्त्व दिया।

इतिहास उन लोगों को हमेशा याद करता है, जिन्होंने जीवन में कभी-न-कभी ऐसा प्रतिमान स्थापित किया, जिसका अनुसरण करना कठिन तो हो, लेकिन नामुमकिन नहीं होता।

नानाजी भारतीय राजनीति के शिखर पुरुष थे। उन्होंने राजनीति में ही नहीं, अपने व्यक्तिगत जीवन में भी एक ऐसा आदर्श स्थापित किया, जिसके लिए भारतीय समाज उनको हमेशा याद करेगा।

उन्होंने 60 साल की उम्र में राजनीति से संन्यास ले लिया और सबको यही संदेश दिया कि प्रत्येक राजनेता को यही अनुसरण करना चाहिए।

महाराष्ट्र के सामान्य परिवार में जन्मे नानाजी देशमुख को किसी परिचय की आवश्यकता नहीं है, उनके काम ही उनकी पहचान हैं। वह भारतीय जनसंघ में दीनदयाल उपाध्याय के समकक्ष थे और दोनों में अतीव घनिष्ठता थी। यह घनिष्ठता दोनों के समान विचारों को अधिक विस्तारित करते हुए ऐतिहासिक मिसाल बन गई। नानाजी देशमुख का मानना था, जब कोई नेता 60 साल का हो जाए तो उसे राजनीति छोड़कर सामूहिक कार्य करना चाहिए।

लोकनायक जयप्रकाश नारायण को रामधारी सिंह दिनकर ने लिखा था ये पत्र, भारतीय संस्कृति को मानने वालों ने इसी त्याग बोध के कारण कभी भी राजगद्दी पाने के लिए औरंगजेब की तरह अपने पिता को जेल में नहीं डाला और अपने भाईयों का कत्ल नहीं किया। केवल अपने देश में ही नहीं, बाहर जाकर भी तोप-तलवार का प्रयोग नहीं किया। राज-पाट के लिए खून-खराबा की संस्कृति विदेशों में हुआ करती थी। नानाजी देशमुख भारतीय परम्परा और संस्कृति के जीते-जागते उदाहरण थे। स्वेच्छा से राजनीति छोड़ने वालों में लोकनायक जयप्रकाश नारायण भी थे, जो विनोबा भावे के साथ भूदान यज्ञ में लग गए थे।

नानाजी अपनी काबिलीयत के बल पर जनता पार्टी के मंत्रिमंडल में कोई बड़ा मंत्रालय मांग सकते थे और लोगों में चर्चा भी थी कि वह गृहमंत्री बनेंगे, लेकिन अपनी सोच के अनुसार, अपने कहे अनुसार जैसे ही वह 60 साल के हुए, राजनीति छोड़ दी और चित्रकूट में एकात्म मानववाद की कल्पना लेकर ग्रामीण विकास के काम में लग गए और जीवन पर्यन्त लगे रहे। वे सच्चे देशसेवक थे। उन्होंने स्थान या नाम नहीं चुना बल्कि काम चुना और काम को ही महत्त्व दिया।

आज परिस्थितियां बदल गई हैं, विचार बदल गए हैं, लेकिन हर क्षेत्र की भांति राजनीति में भी समय-सीमा आवश्यक है। अतः नेताओं को भारत की प्राचीन परम्परा के अनुसार 75 साल की उम्र के बाद राजनीति से संन्यास ले लेना चाहिए। इसी परम्परा का अनुसरण करते हुए मुलायम सिंह ने भी एक उम्र के बाद 2012 में यूपी की कमान अपने बेटे अखिलेश को सौंप दी थी। दूसरे दलों के भी कई नेताओं ने चाहे स्वेच्छा से या कहें कि मजबूरी में लालकृष्ण आडवाणी, मुरली मनोहर जोशी और यशवंत सिन्हा ने भी 75 साल की उम्र के बाद सक्रिय राजनीति से वैराग्य ले लिया है। यदि सभी दलों के बुजुर्ग नेता अपने इस भारतीय सिद्धान्त को मान लें और 75 साल की उम्र में संन्यास लेकर समाज का मार्गदर्शन करें तो नई पीढ़ी को राजनीति में भाग लेने का मौका मिलेगा, साथ ही यह नई पीढ़ी प्राचीन अनुभव को नवीन अनुभव के साथ जोड़कर अनूठा अनुभव प्राप्त कर कार्य कर सकेगी।

लोकनायक जयप्रकाश नारायण को रामधारी सिंह दिनकर ने लिखा था ये पत्र, भारतीय संस्कृति को मानने वालों ने इसी त्याग बोध के कारण कभी भी राजगद्दी पाने के लिए औरंगजेब की तरह अपने पिता को जेल में नहीं डाला और अपने भाईयों का कत्ल नहीं किया। केवल अपने देश में नहीं बाहर जाकर भी तोप–तलवार का प्रयोग नहीं किया। राज–पाट के लिए खून–खराबा की संस्कृति विदेशों में हुआ करती थी। नानाजी देशमुख भारतीय परम्परा और संस्कृति के जीते–जागते उदाहरण थे। स्वेच्छा से राजनीति छोड़ने वालों में लोकनायक जय प्रकाश नारायण भी थे, जो विनोबा भावे के साथ भूदान यज्ञ में लग गए थे।

जब राष्ट्रीय स्वयंसेवक संघ के सर संघचालक माधवराव सदाशिव गोलवलकर ने राजनैतिक दल की स्थापना की तो उसके महासचिव बने नानाजी देशमुख और भारतीय जनसंघ ने तेजी से उत्तर प्रदेश की राजनीति में विस्तार किया।

दीनदयाल उपाध्याय और अटल बिहारी वाजपेयी ने उन दिनों 'राष्ट्रधर्म' और 'पांचजन्य' नामक पत्रिकाओं के माध्यम से खूब काम किया। चन्द्रभानु गुप्त, जो उत्तर प्रदेश के मुख्यमंत्री थे, उन्होंने कहा था यह नाना देशमुख नहीं, नाना फड़नवीस हैं। उनका घनिष्ठ सम्बन्ध डॉक्टर लोहिया और जयप्रकाश नारायण से रहा था। जब 1967 में उत्तर प्रदेश में संयुक्त विधायक दल की सरकार बनी तो नानाजी देशमुख उसके प्रमुख सूत्रधारों में से एक थे।

नानाजी का मुख्य योगदान राजनीति में नहीं ग्रामोदय में रहा। उनके द्वारा स्थापित चित्रकूट का विश्वविद्यालय ग्रामीण विकास का मॉडल है। उन्हें 2010 में पद्मविभूषण से सम्मानित किया गया था। निःस्वार्थ भाव से राजनीति और समर्पण भाव से समाज सेवा करने का आदर्श प्रस्तुत किया है नानाजी देशमुख ने। हमारे नेता यदि उस

> नानाजी देशमुख ने सदैव अपने समाज व संस्कृति का सम्मान किया। उन्होंने अपने देश को ही अपना घर तथा देशवासियों को परिवारिक सदस्य माना। समाज से संबंधित हर समस्या को अपनी समस्या मानकर उसका समाधान किया। नानाजी देशमुख अपने राजनीतिक विचारों के बल पर, जो कहते थे वही करते भी थे। आज उनके विचार हमारी राजनीति की आधारशिला बन सकते हैं, यदि हम उनके विचारों का अनुसरण करें।

मार्ग पर कुछ कदम भी चल सकें तो आज का कलह भरा वातावरण अपने आप समाप्त हो जाएगा।

नानाजी देशमुख ने सदैव अपने समाज व संस्कृति का सम्मान किया। उन्होंने अपने देश को ही अपना घर तथा देशवासियों को परिवारिक सदस्य माना। समाज से संबंधित हर समस्या को अपनी समस्या मानकर उसका समाधान किया।

नानाजी देशमुख अपने राजनीतिक विचारों के बल पर, जो कहते थे वही करते भी थे। आज उनके विचार हमारी राजनीति की आधारशिला बन सकते हैं, यदि हम उनके विचारों का अनुसरण करें।

आधुनिक ऋषि थे नानाजी देशमुख-वाजपेयी

प्राचीन ऋषि अपना घरबार त्यागकर ईश्वर-भक्ति में लीन हो, भजन-कीर्तन करते इधर-उधर घूमते आते-जाते लोगों को मोह-माया से परे रहकर सद्विचारक उपदेश दिया करते थे। नानाजी देशमुख ने भी अपना संपूर्ण जीवन ऋषियों की भांति व्यतीत किया। उन्होंने शादी नहीं की, देश की जनता को ही अपना परिवार माना तथा धर्मशालाओं में रहकर समाज सेवा की। प्राचीन ऋषि और इस आधुनिक ऋषि में अंतर सिर्फ इतना था कि वे ईश्वर भक्ति में लीन हो धार्मिक उपदेश दिया करते थे और नानाजी देशभक्ति में लीन होकर समाजसेवा करते एवं मानवता का संदेश दिया करते थे। भाजपा और संघ परिवार के वरिष्ठ नेताओं ने आरएसएस के वरिष्ठ नेता और राज्यसभा के पूर्व सांसद नानाजी देशमुख के निधन पर शोक व्यक्त करते हुए नानाजी देशमुख को आधुनिक ऋषि का नाम दिया।

पूर्व प्रधानमंत्री और भाजपा के वरिष्ठ नेता अटल बिहारी वाजपेयी ने कहा कि नानाजी चुनौतियों के विशेषज्ञ थे, उन्हें उनसे निबटना बखूबी आता था। वह समर्पित सामाजिक कार्यकर्त्ता, संघ के आजीवन प्रचारक, वरिष्ठ नेता, साथ ही दूरदृष्टा भी थे। ऐसे लोग बहुत कम मिलते हैं।

वाजपेयी ने कहा- 'उनके व्यक्तित्व में चुंबक सरीखा आकर्षण था और जो भी उनके संपर्क में आया, वह उनके संपर्क में बना रहा। राजनीति से स्वेच्छा से अलग होकर वह रोल मॉडल बन गए। उनकी मृत्यु से समाज और मुझे व्यक्तिगत तौर पर नुकसान हुआ है।'

भाजपा अध्यक्ष नितिन गडकरी ने भी नानाजी के निधन पर शोक जताया है। गडकरी ने कहा- 'नानाजी भारत के आधुनिक ऋषियों में से एक थे।

वह जनसंघ के संस्थापकों में से एक थे। नानाजी मूल्य आधारित राजनीति पर टिके रहे।'

पार्टी के वरिष्ठ नेता लालकृष्ण आडवाणी ने नानाजी के निधन पर शोक व्यक्त करते हुए कहा कि वह होली का त्योहार नहीं मनाएँगे।

राज्यसभा में विपक्ष के नेता अरुण जेटली ने अपने शोक संदेश में कहा–'नानाजी के निधन से भारत ने एक वरिष्ठ राजनेता, एक देशभक्त और एक रोल मॉडल खो दिया। विहिप और आरएसएस ने भी उनके निधन पर शोक जताया है।'

कांग्रेस शासन को सत्ता से बाहर करने में महत्त्वपूर्ण भूमिका : केंद्र में 1977 में जनता पार्टी की सरकार के गठन में नानाजी देशमुख की महत्त्वपूर्ण भूमिका थी। वह संगठन के आदमी थे तथा दोस्तों और चाहने वालों के बीच नानाजी के नाम से प्रसिद्ध थे। हिन्दी भाषा में नानाजी मां के पिता को कहते हैं, इसलिए 'नानाजी' शब्द भी कहीं-न-कहीं अपनेपन की भूमिका अदा कर रहा था। उन्होंने 1974 में जयप्रकाश नारायण की 'संपूर्ण क्रांति' का समर्थन कर भारतीय जनसंघ की राजनीतिक अस्पृश्यता को समाप्त कर दिया था। नानाजी किसी भी प्रकार के भेदभाव से दूर थे। वे सभी को अपना मानते थे तथा सहृदय सम्मान देते थे।

तत्कालीन प्रधानमंत्री इंदिरा गाँधी द्वारा आपातकाल लागू करने तथा अन्य घटनाओं के बाद जनता पार्टी का गठन किया गया, जिसने कांग्रेस से सत्ता छीन कर देश को नई सरकार दी। इस बदलाव में नानाजी देशमुख की महत्त्वपूर्ण भूमिका थी।

नानाजी राजनीति में कार्यरत अवश्य थे, किंतु पद लोभी नहीं थे। वे सिर्फ समाजसेवक बनकर समाज सेवा करना चाहते थे।

जे.पी. आंदोलन के दौरान नानाजी की सांगठनिक क्षमता और आपातकाल ने केंद्र की तत्कालीन मोरारजी देसाई सरकार में उन्हें मंत्री का पद दिया गया, लेकिन उन्होंने इससे इंकार कर दिया। उत्तर प्रदेश के बलरामपुर से नानाजी ने लोकसभा का चुनाव जीता। इस दौरान कांग्रेस का सिंहासन डगमगा गया।

नानाजी ने अन्य राजनीतिज्ञों की भांति मित्रता या सद्‌चरित्रता को ताक पर रखकर नाम नहीं कमाया बल्कि जीवन में सर्वप्रथम स्थान दिया।

इससे पहले 1974 में बिहार संघर्ष आंदोलन के दौरान इस त्यागी व्यक्ति ने पटना में जे.पी. को पुलिस के लाठी चार्ज से बचाया। उन्हें जनता पार्टी का महासचिव बनाया गया। नानाजी कथनी व करनी में फर्क नहीं रखते थे। वे जो दूसरों के लिए कहते थे, वही अपने ऊपर भी लागू करते थे।

60 साल के होने के बाद नानाजी ने उस समय राजनीति छोड़ दी, जब उनका राजनीतिक करियर शिखर पर था। उन्होंने खुद को सामाजिक कार्यों की ओर मोड़ लिया, जिसके प्रति वह जीवन के अंतकाल तक समर्पित रहे।

'समाजशिल्पी दंपती' सर्जक: नानाजी देशमुख

एक प्रचार संगठक, लोकप्रिय नेता और ग्रामोदय के प्रति समर्पित समाजसेवी होने के नाते नानाजी देशमुख अगाध प्रेरणा के स्रोत बने हुए हैं। राजनीति से संन्यास लेने के बाद उन्होंने सामाजिक कार्यकर्ता के रूप में सुदूर ग्रामीण इलाकों और ग्रामीणों के सामाजिक-आर्थिक कल्याण के लिए अपना सब कुछ समर्पित कर दिया। भोले-भाले ग्राम्य जनों में नैतिक तथा आध्यात्मिक मूल्यों का संचार करने का बीड़ा उठाया। ग्रामोदय से भारत के भाग्योदय का सपना देखा, उसे धरातल पर उतारने का अभियान चलाया। अधिक उम्र को मार्ग की बाधा नहीं बनने दिया। सेवानिवृत्त होने की उम्र में अपने जीवन के क्षण-क्षण को सेवा समृद्ध बनाने में जुटे रहे।

शिल्पी का शाब्दिक अर्थ है कुशल श्रमिक या निर्माता। 'समाज शिल्पी दंपती' अर्थात् समाज निर्माता दंपती। नानाजी देशमुख इसके सर्जन रहे हैं। उनके अनुसार युवा पीढ़ी में समाज निर्माण की चेतना जगाना अनिवार्य है।

चित्रकूट परियोजना चित्रकूट के आसपास के पांच गांवों के समूह बनाकर 100 गांव समूहों को विकसित करने के लिए तैयार की गई। इसके तहत गांव के हर व्यक्ति, परिवार और समाज के जीवन के हर पहलू पर गौर किया जाता है। इस मुहिम की कुंजी है समाज शिल्पी दंपती। ये दंपती गांव के ही होते हैं और पांच गांवों के समूह में प्रेरणा देने की जिम्मेदारी निभाते हैं। जिम्मेदारी देते समय सबसे पहले इनकी आय वृद्धि पर विचार किया जाता है। इसके लिए जरूरत के मुताबिक जल संचयन और मृदा प्रबंधन की तकनीक अपनाई जाती है। साथ-साथ उद्यम कौशल और

स्व-सहायता समूह के जरिए आय बढ़ाने के भी उपाय होते हैं और अन्य उपक्रम भी जुड़े होते हैं, जैसे- (1) कोई बेकार न रहे, (2) कोई गरीब न रहे, (3) कोई बीमार न रहे, (4) कोई अशिक्षित न रहे, (5) हरा-भरा और विवाद-मुक्त गांव हो। गांव के विकास की इस नवरचना के आधार पर समाज शिल्पी दंपती पांच वर्ष तक गांव में रहकर इस पांच सूत्रीय लक्ष्य की प्राप्ति के लिए काम करते हैं।

नानाजी ने अपनी कार्यक्षमता को गांव तक ही सीमित नहीं रखा, बल्कि संपूर्ण राष्ट्र में वितरित करने की योजना बनाई। ग्रामोदय से राष्ट्रोदय के अभिनव प्रयोग के लिए नानाजी ने स्नातक युवा दंपतियों से पांच वर्ष का समय देने का निवेदन किया। इस संस्था के सदस्य पति-पत्नी दोनों कम-से-कम स्नातक हों और उनकी आयु 35 वर्ष से कम हो तथा दो से अधिक बच्चे न हों। इस आह्वान पर दूर-दूर से प्रतिवर्ष ऐसे दंपती चित्रकूट पहुंचने लगे। चयनित दंपतियों को 15-20 दिन का प्रशिक्षण दिया जाता था। प्रशिक्षण के दौरान नानाजी द्वारा उनका मार्गदर्शन किया जाता था। नानाजी स्त्रियों को उदाहरण देकर समझाते- 'राजा की बेटी सीता उस समय इस क्षेत्र में 11 वर्ष तक रह सकती है, तो आज इतने प्रकार के संसाधनों के सहारे तुम पांच वर्ष क्यों नहीं रह सकतीं?' इस प्रकार का उदाहरण सुनकर नवदांपत्य में बंधी युवतियों में सेवा भाव और गहरा हो जाता और उनका मन शहर यानी अपने घर की तरफ नहीं, सीता की तरह अपने पति के साथ जंगलों-पहाड़ों बीच बसे गांवों में रहने को प्रेरित हो उठता। तब इनको नाम दिया जाता - समाजशिल्पी दंपत्ति।

एक प्रखर संगठक, लोकप्रिय नेता और ग्रामोदय के प्रति समर्पित समाजसेवी होने के नाते नानाजी देशमुख अगाध प्रेरणा के स्रोत बने हुए हैं। राजनीति से संन्यास लेने के बाद उन्होंने सामाजिक कार्यकर्ता के रूप में सुदूर ग्रामीण इलाकों और ग्रामीणों के सामाजिक-आर्थिक कल्याण के लिए अपना सब कुछ समर्पित कर दिया। भोले-भाले ग्राम्य जनों में नैतिक तथा आध्यात्मिक मूल्यों का संचार करने का बीड़ा उठाया। ग्रामोदय से भारत के भाग्योदय का सपना देखा, उसे धरातल पर उतारने का अभियान चलाया। अधिक उम्र को मार्ग की बाधा नहीं बनने दिया। सेवानिवृत्त होने की उम्र में अपने जीवन के क्षण-क्षण को सेवा समृद्ध बनाने में जुटे रहे।

सामाजिक योद्धा नानाजी ने पहले उत्तर प्रदेश के सबसे पिछड़े जिले गोंडा में काम शुरू किया। फिर, सूखा पीड़ित और गरीबी से त्रस्त महाराष्ट्र के बीड जिले को अपना कार्यक्षेत्र बनाया। अंत में वे उत्तर प्रदेश के चित्रकूट में करीब 500 गांवों में नैतिक मूल्यों के साथ व्यापक सामाजिक-आर्थिक विकास के लिए वहीं जम गए। चित्रकूट परियोजना संस्थागत विकास और ग्रामीण विकास के एक मॉडल के रूप में अनोखा प्रयास है। इसमें ऐसे विकास पर जोर दिया गया है, जो भारत के लिए सबसे उपयुक्त है। वह जनता की शक्ति पर आश्रित है। उन्होंने सिखाया कि शोषितों और उपेक्षितों के साथ एक रूप होकर ही प्रशासन और राजकाज का गुर सीखा जा सकता है। यह भी कि युवा पीढ़ी में समाज निर्माण की चेतना जगाना अनिवार्य है।

भारत रत्न डॉ. ए.पी.जे. अब्दुल कलाम 2005 में चित्रकूट आए थे। यहां पर उनका समाजसेवी नानाजी देशमुख आश्रम में आना हुआ। इस दौरान डॉ. कलाम काफी भावुक हो गए थे, क्योंकि उन्हें अपने बचपन की याद आ गई थी। चित्रकूट आने पर डॉ. कलाम ने जमीन पर पंगत में ही बैठकर महिला सरपंचों के साथ भोजन किया था।

राष्ट्रपति कलाम ने आश्रम के आसपास के गांवों की मुकदमेबाजी से मुक्त व्यवस्था देखी तो अपने बचपन की बातें याद कर उन्होंने बताया- 'जब हर दिन नमाज के बाद मेरे पिताजी के पास आसपास के परिवार अपने घर और जमीन की समस्याएं लेकर आते थे, तो वे उन सबको उनकी समस्याओं के बारे में सुझाव व निदान बताया करते थे। मेरी मां भी मुस्लिम महिलाओं की समस्याएं हर शुक्रवार को सुनती थीं और उन्हें निपटाने में मदद करती थीं। मेरे बड़े भाई पंचायती अदालत के प्रमुख थे, लेकिन 70 के दशक के बाद मानवीय हृदय स्पर्श से जुड़ी ये व्यवस्थाएं खत्म हो गईं और अब ज्यादातर झगड़े अदालतों में जाते हैं। इसलिए चित्रकूट के आसपास के 80 गांवों का झगड़े-मुकदमेबाजी से मुक्त होना एक आदर्श उदाहरण है।' दरअसल नानाजी के व्यक्तित्व और उनकी विलक्षणता और समर्पित सामाजिक सरोकारों ने भारतीय जन-मन में एक अमिट छाप छोड़ी है।

जब नानाजी देशमुख और पी.एम. मोदी

> नानाजी देशमुख को सत्ता का लालच नहीं था। वे किसी मंत्रीपद को पाने के लिए लोकसेवा नहीं कर रहे थे। जे.पी. और नानाजी देशमुख के सामाजिक जीवन से जुड़े कार्यों का जिक्र करते हुए प्रधानमंत्री नरेन्द्र मोदी ने कहा - 'सत्ता के गलियारों में लोग जगह ढूंढ़ते थे - जयप्रकाश जी ने सत्ता से खुद को दूर रखा। उन्होंने और उनकी श्रीमती प्रभादेवी ने ग्रामोत्थान के मार्ग को चुना। नानाजी देशमुख को देश ज्यादा जानता नहीं था, उन्होंने अपना जीवन दे दिया था। उन्होंने संसाधनों को ग्राम विकास के काम में लगाया। नानाजी देशमुख को मंत्री पद के लिए मोरारजी की सरकार में आमंत्रित किया गया, लेकिन उन्होंने विनम्रतापूर्वक इन्कार कर दिया।'

इतिहास के पन्नों पर कुछ लोगों का नाम सुनहरे अक्षरों पर लिखा जाता है। उन्हीं में से एक नानाजी देशमुख का नाम है। इतिहास में वे व्यक्ति कभी नहीं मरते, जिन्होंने समाज के लिए कुछ-न-कुछ योगदान दिया हो।

आजादी के बाद चयनित सरकारों ने कुछ खास लोगों को अपना आदर्श बनाया और उन्हीं को ध्यान में रखते हुए भव्य समारोह किये। सरकारी आयोजन मात्र एक आयोजन बनकर रह गया। देश में पहली बार नानाजी को न सिर्फ याद किया जा रहा है, बल्कि उनकी योजनाओं को जमीनी स्तर पर लागू करने की कोशिश शुरू हो गयी है। वर्तमान प्रधानमंत्री नरेंद्र मोदी भी नानाजी देशमुख के सामाजिक व राजनीतिक सरोकारों के कायल हैं। जयप्रकाश नारायण और नानाजी देशमुख की जयंती के मौके पर उन्होंने कहा कि उनकी सरकार गांवों के सामर्थ्य, रुचि और प्रकृति को जोड़कर ग्रामोदय की दिशा में काम कर रही है। गांवों का विकास तय समय सीमा और लक्ष्य के मुताबिक पूरा

किया जाएगा। दिल्ली में नानाजी देशमुख जन्म शताब्दी समारोह को संबोधित करते हुए मोदीजी ने नानाजी से जुड़े प्रसंगों को भी याद किया।

अच्छे कामों के लिए व्यक्ति मृत्यु के पश्चात भी याद किया जाता है। व्यक्ति चला जाता है, किंतु अपने नाम के रूप में वह सदैव संसार में बना रहता है। सत्कर्म एवं परोपकार व्यक्ति को अजर-अमर बनाते हैं। नानाजी देशमुख ऐसे ही एक मिसाल हैं। जिनके बीते क्षणों को याद करते हुए पीएम ने कहा- 'जब भ्रष्टाचार के खिलाफ जयप्रकाश जी जंग लड़ रहे थे, तो दिल्ली की सल्तनत में खलबली मच गयी। उन्हें रोकने के लिए षड्यंत्र होते थे। पटना के एक सार्वजनिक कार्यक्रम में जे.पी. पर हमला हुआ। उनके बगल में नानाजी देशमुख खड़े थे। नानाजी ने अपने हाथों पर मृत्युदंड के रूप में आए प्रहार को झेल लिया। हाथ की हड्डियां टूट गईं। वो ऐसी घटना थी कि देश का ध्यान नानाजी देशमुख की तरफ गया।'

अपनी बात को जारी रखते हुए प्रधानमंत्री मोदी जी ने कहा- 'इन दोनों महापुरुषों ने अपने जीवनकाल में देश के संकल्प के लिए स्वयं को सौंप दिया। इन दोनों के जीवन का पल-पल मातृभूमि के लिए, देशवासियों के कल्याण के लिए था और आजीवन इसमें जुटे रहे। 1942 में भारत छोड़ो आंदोलन तीव्रता पर पहुंचा, ऐसे समय में जयप्रकाश जी, लोहिया जी जैसे युवाओं ने आगे आकर आंदोलन की बागडोर संभाली। उस कालखंड में वे लोग प्रेरणा का स्रोत बन गए।'

नानाजी देशमुख को सत्ता का लालच नहीं था। वे किसी मंत्रीपद को पाने के लिए लोकसेवा नहीं कर रहे थे। जे.पी. और नानाजी देशमुख के सामाजिक जीवन से जुड़े कार्यों का जिक्र करते हुए पीएम नरेन्द्र मोदी ने कहा- 'सत्ता के गलियारों में लोग जगह ढूंढते थे- जयप्रकाश जी ने सत्ता से खुद को दूर रखा। उन्होंने और उनकी श्रीमती प्रभादेवी ने ग्रामोत्थान के मार्ग को चुना। नानाजी देशमुख को देश ज्यादा जानता नहीं था, उन्होंने अपना जीवन दे दिया था। उन्होंने संसाधनों को ग्राम विकास के काम में लगाया। नानाजी देशमुख को मंत्री पद के लिए मोरारजी की सरकार में आमंत्रित किया गया, लेकिन उन्होंने विनम्रतापूर्वक इन्कार कर दिया।' नानाजी को दिखावा करना पसंद नहीं था। वे आजकल के नेताओं की

भांति मीडिया के द्वारा चर्चित होना नहीं चाहते थे। वे केवल जनसेवा में विश्वास रखते थे।

नानाजी देशमुख बचपन से ही सामाजिक कार्यों में भाग लेने लगे थे। वे गांवों की दुर्दशा को महसूस कर पा रहे थे, इसीलिए उन्होंने चित्रकूट के गांवों में ही रहकर वहां के लोगों की सेवा करने का निश्चय किया। प्रधानमंत्री मोदी ने भी नानाजी को ग्राम सेवा में लगे रहने वाला कार्यकर्ता बताया। उन्होंने कहा– 'नानाजी देशमुख ने स्वयं को राजनीतिक जीवन से निवृत्त कर करीब साढ़े तीन दशक तक जीवन, चित्रकूट को केंद्र बनाकर ग्रामीण विकास के लिए खपा दिया। नानाजी के जन्मशती के अवसर पर भारत सरकार इन महापुरुषों के सपनों के आधार पर उस दिशा में आगे बढ़ रही है। गांव आगे कैसे बढ़ें, गरीबी से मुक्त कैसे बनें, बीमारी से मुक्त कैसे बनें, जातिवाद से मुक्त हों, उस दिशा में प्रयास कर रहे हैं।' आज प्रधानमंत्री नरेंद्र मोदी भी नानाजी का अनुसरण कर रहे हैं।

देशमुख का जन्मशताब्दी समारोह

नानाजी की भांति नरेन्द्र मोदी जी भी भारतीय गांवों के सुधार पर बल दे रहे हैं। उन्होंने भारत के ग्रामीणों की सेवा और सशक्तिकरण के लिए एक नागरिक केन्द्रित मोबाइल ऐप 'ग्राम संवाद' का भी शुभारम्भ किया, जिसमें नागरिक विभिन्न ग्रामीण विकास कार्यक्रमों के बारे में ग्राम पंचायत स्तर पर एकल विंडो पर जानकारी प्राप्त कर सकेंगे। इस ऐप में इस समय ग्रामीण विकास मंत्रालय के सात कार्यक्रमों को शामिल कर ग्रामीणों को लाभ पहुंचाया जा रहा है।

नई दिल्ली स्थित आईएआरआई में नानाजी देशमुख के जन्मशताब्दी समारोह पर उद्घाटन के लिए प्रधानमंत्री नरेन्द्र मोदी जी को आमंत्रित किया गया। मोदी जी ने इस मौके पर नानाजी देशमुख के जन्मशताब्दी समारोह का उद्घाटन भी किया और कार्यों व योजनाओं पर गहन दृष्टिपात किया और जनता के समक्ष उनके प्रति अपना नजरिया भी पेश किया।

प्रधानमंत्री ने 'प्रौद्योगिकी और ग्रामीण जीवन' विषय पर एक प्रदर्शनी भी देखी। इस दौरान उनके चेहरे को देखकर ऐसा लग रहा था, जैसे वे प्रदर्शनी में सम्मिलित सामग्री से बहुत कुछ अपने दिल-दिमाग में अवतरित कर रहे हैं। उन्होंने अच्छी पद्धति एवं उनके अनुकरण के साथ-साथ ग्रामीण विकास मंत्रालय की योजनाओं व पहल को भी देखा। उन्होंने कुछ अन्वेषकों व लाभार्थियों के साथ संवाद करके योजनाओं के परिणाम पर भी गौर किया।

प्रधानमंत्री ने नानाजी देशमुख और लोकनायक जयप्रकाश नारायण को भावुक मन से श्रद्धासुमन अर्पित किए। उन्होंने नानाजी देशमुख को सम्मानित करने के उद्देश्य से डाक टिकट जारी किया।

यही नहीं प्रधानमंत्री ने दिशा पोर्टल का भी शुभारम्भ किया। जो सांसदों और विधायकों के लिए अपने-अपने निर्वाचन क्षेत्रों में विभिन्न मंत्रालयों के विभिन्न कार्यक्रमों व योजनाओं के कार्यान्वयन पर एकल पोर्टल के माध्यम से निगरानी रखने का पोर्टल है। यह पोर्टल निरंतर कार्यरत है। अभी तक इस पोर्टल पर 20 मंत्रालयों के 41 कार्यक्रमों व योजनाओं की प्रगति के आंकड़े दर्शाए गए हैं।

नानाजी की भांति नरेन्द्र मोदी जी भी भारतीय गांवों के सुधार पर बल दे रहे हैं। उन्होंने भारत के ग्रामीणों की सेवा और सशक्तिकरण के लिए एक नागरिक केन्द्रित मोबाइल ऐप 'ग्राम संवाद' का भी शुभारम्भ किया, जिसमें नागरिक विभिन्न ग्रामीण विकास कार्यक्रमों के बारे में ग्राम पंचायत स्तर पर एकल विंडो पर जानकारी प्राप्त कर सकेंगे। इस ऐप में इस समय ग्रामीण विकास मंत्रालय के सात कार्यक्रमों को शामिल कर ग्रामीणों को लाभ पहुंचाया जा रहा है।

प्रधानमंत्री मोदी न सिर्फ शहरों को बल्कि गांवों को भी डिजिटलाइजेशन के माध्यम से आधुनिकता की ओर ले जाते हुए नानाजी देशमुख के उद्देश्य को और अधिक विकसित कर रहे हैं। उन्होंने 11 ग्रामीण स्वरोजगार प्रशिक्षण संस्थान भवनों (आरएसईटीआई) तथा आईएआरआई में प्लान्ट फिनोमिक्स सुविधा का डिजिटल पद्धति से उद्घाटन किया। प्रधानमंत्री ने स्वयं सहायता समूहों, पंचायतों, जल संरक्षण अन्वेषकों और प्रधानमंत्री आवास योजना के लाभार्थियों के 10,000 से ज्यादा लोगों को सम्बोधित किया।

इस महान अवसर पर उन्होंने कहा कि आज हम दो महान नेताओं- नानाजी देशमुख और लोकनायक जयप्रकाश नारायण का जन्मदिवस मना रहे हैं, ये वे हस्तियां हैं, जिन्होंने अपना सम्पूर्ण जीवन राष्ट्र की बेहतरी के लिए अर्पित कर दिया।

> नानाजी देशमुख ने भी ग्रामीण विकास और हमारे गांवों को स्वावलम्बी व निर्धनता से मुक्त करने की दिशा में स्वयं को अर्पित कर दिया। उनके त्याग व परिश्रम को ध्यान में रखते हुए हम सभी को इस प्रकार के लोककल्याणी कार्यक्रमों में सहयोग देना चाहिए।

प्रधानमंत्री ने कहा कि लोकनायक जयप्रकाश नारायण युवाओं के बीच अत्यंत लोकप्रिय थे। उनके कार्यों के परिणामस्वरूप ही उन्हें 'लोकनायक' की उपाधि मिली। उन्होंने कहा कि महात्मा गांधी के आह्वान से प्रेरित होकर लोकनायक जयप्रकाश नारायण और डॉ. लोहिया 'भारत छोड़ो' आन्दोलन के दौरान सक्रिय हुए। प्रधानमंत्री ने कहा कि लोकनायक जयप्रकाश नारायण ने सत्ता की राजनीति में कभी रुचि नहीं दिखाई और वे भ्रष्टाचार के विरुद्ध लड़ते रहे। उन्होंने कहा कि नानाजी देशमुख ने भी ग्रामीण विकास और हमारे गांवों को स्वावलम्बी व निर्धनता से मुक्त करने की दिशा में स्वयं को अर्पित कर दिया। उनके त्याग व परिश्रम को ध्यान में रखते हुए हम सभी को इस प्रकार के लोककल्याण के कार्यक्रमों में सहयोग देना चाहिए।

सेवा और सरलता की मिसाल-नानाजी देशमुख

किसी भी महान व्यक्ति का अगर मूल्यांकन करना हो तो सबसे पहले उसके कथन और कर्म का मिलान करना चाहिए। जब हम नानाजी के व्यवहार का मूल्यांकन करते हैं, तो पाते हैं कि उनका स्वभाव समाज के बहुत ही अनुकूल था, उनकी सहजता और मिलनसार व्यक्तित्व ने उन्हें बहुत ऊंचा स्थान दिलाया है। नानाजी ने कभी भी व्यक्तिगत जीवन और सार्वजनिक जीवन को अलग-अलग तरीके से प्रस्तुत नहीं किया। जैसा व्यवहार वे व्यक्तिगत जीवन में करते थे, उसी प्रकार का आचरण उन्होंने सामाजिक जीवन में भी किया।

अपने सरल और सहज स्वभाव के कारण ही नानाजी न सिर्फ युवाओं के आदर्श पुरुष थे, बल्कि अन्य वर्ग के लोग भी उनके अनुयायी बनते चले जाते थे।

समाज में रहकर साधारण जीवन बिताते हुए, बिना किसी लोभ-लालच के सामाजिक दायित्व निभाना, लोगों की सेवा करना, नानाजी की पहचान बन चुका था। यही कारण था कि नानाजी देशमुख को भारत के सार्वजनिक जीवन की एक महान हस्ती के रूप में सभी से प्रशंसा और सम्मान मिला। देश के लिए उनका योगदान मार्गदर्शक का काम कर रहा है।

भारत के राजनीतिक लोग आज भी उन्हें अपना आदर्श मानते हैं और उनके व्यक्तित्व के उन पहलुओं को अपने जीवन में लागू करने के लिए रेखांकित करते हैं, जो बहुत अधिक प्रेरक हैं।

समाज में नानाजी देशमुख की छवि सरलता, समर्पण और सेवा का वह प्रतीक थी, जिसे असाधारण संगठन कौशल का वरदान प्राप्त था।

नानाजी देशमुख द्वारा ग्रामीण विकास के लिए किए गए कार्यों का जिक्र हमेशा किया जाता है। न जाने कितना त्याग किया था उन्होंने। सक्रिय राजनीति से संन्यास लेने के बाद भी उन्होंने समाज सेवा के माध्यम से राष्ट्र निर्माण पर ध्यान केंद्रित किया।

नानाजी के अनेक गुणों को रेखांकित करने की जरूरत है, उसमें राजनैतिक सहमति बनाने की उनकी योग्यता, देश का काम करने के लिए अनेक युवाओं को प्रेरित करना और उद्योगपतियों को सामाजिक कार्यों में योगदान करने के लिए तैयार किया जा सके।

हमारे देश में अनेक महापुरुषों ने जन्म लिया है। ऐसे कई उदाहरण हमारे समाज में मौजूद हैं, जिन्होंने राजनीतिक, सामाजिक और आर्थिक मोर्चे पर एक साथ काम किया हो। कभी-कभी तो यह भी देखने को मिलता है यदि कोई व्यक्ति राजनीति में हैं तो रिटायरमेंट लेने का नाम ही नहीं लेता।

लेकिन नानाजी देशमुख राजनीति से संन्यास लेने के बाद भी समाज सेवा में लगे रहे और अपनी सरलता, सहजता और सेवा से समाज के प्रत्येक वर्ग का आदर्श बनते रहे।

पहला सरस्वती शिशु मंदिर

यदि किसी भी देश की आवाम को गुलाम रखना हो तो सबसे पहले उसकी शिक्षा उससे छीन लो या उसे सिर्फ गुलामी वाली शिक्षा प्रदान करो तो हजारों साल तक उस देश की जनता किसी की भी गुलाम हो जाएगी।

आजादी से पूर्व विनोबा भावे, ज्योतिबा फुले, महात्मा गांधी, टैगोर इत्यादि लोगों ने शिक्षा पर महत्त्वपूर्ण कार्य किया था, छोटू राम और मदन मोहन मालवीय जी ने तो स्कूल खोलने का एक राष्ट्रीय आन्दोलन तक चलाया था, जिसके चलते पूरे देश में स्कूलों की संख्या लगातार बढ़ती रही।

राष्ट्रीय स्वयंसेवक संघ द्वारा संचालित विद्या भारती के विद्यालयों को 'सरस्वती शिशु' मंदिर एवं 'सरस्वती विद्या मंदिर' कहते हैं। संघ परिवार सरस्वती शिशु मंदिर की शिक्षा प्रणाली को अभिनव रूप में मानते हुए इसका प्रसार करता है। इसे अंतर्राष्ट्रीय स्तर पर भी प्रसिद्धि मिली है। विद्यार्थियों के सर्वांगीण विकास के लिए सरस्वती शिशु मंदिर अच्छा विकल्प स्वीकार किया जा सकता है।

1952 में संघ प्रेरणा से शिक्षा क्षेत्र को जीवन-साधना समझकर कुछ निष्ठावान लोग इस पुनीत कार्य में जुट गए। उन्होंने नवोदित पीढ़ी को सुयोग्य शिक्षा और शिक्षा के साथ संस्कार देने के लिए 'सरस्वती शिशु मंदिर' की आधारशिला गोरखपुर में पक्की बाग में पांच रूपये मासिक किराये के भवन में रखी। इससे पूर्व कुरुक्षेत्र में 'गीता विद्यालय' की स्थापना 1946 में हो चुकी थी। मन की आस्था, हृदय का विकास, निश्चय की अडिगता तथा कल्पित स्वप्न को मन में लेकर कार्यकर्ताओं के साधना, तपस्या, परिश्रम व संबल के परिणामस्वरूप स्थान-स्थान पर 'सरस्वती शिशु मंदिर' स्थापित होने लगे।

विद्या भारती अखिल भारतीय शिक्षा संस्थान पूरे भारत में 17000 सरस्वती शिशु मंदिर (एसएसएम) स्कूलों का संचालन करते हैं। एसएसएम में पुरुष शिक्षक को 'आचार्य' कहते हैं और महिलाओं को 'दीदी' के रूप में संबोधित किया जाता है। कक्षाएं शुरू करने से पहले विद्यार्थियों के साथ महान स्वतंत्रता सेनानियों की कहानियों को साझा करने के लिए शून्य अवधि आरक्षित किया जाता है, यह मातृभूमि की सेवा के लिए युवाओं के चरित्र निर्माण और विचारों को प्रोत्साहित करने में मदद करता है।

सभी एसएसएम विद्यालय विद्या भारती द्वारा नाममात्र शुल्क के साथ चलाए जाते हैं, समाज के कमजोर वर्ग के छात्रों को छात्रवृत्ति भी प्रदान की जाती है। आतंकवाद, प्राकृतिक आपदाओं आदि से प्रभावित छात्रों को छात्रावास की सुविधा के साथ विद्यालय प्रदान किया गया है। नानाजी देशमुख, भारत के महानतम दिग्गजों में से एक हैं, जिन्होंने 1952 में गोरखपुर में पहले एसएसएम की स्थापना की, इसके अलावा नानाजी देशमुख ने एसएसएम चित्रकूट जैसे संस्थानों की भी स्थापना की। एसएसएम की स्थापना मॉडल स्कूल पर कांग्रेस सरकार की 1948 के प्रतिबंध का विरोध करने के लिए की गई थी, जिसे आरएसएस के प्रमुख एम.एस. गोलवकर ने 1946 में शुरू किया था। यह भारत में एकमात्र स्कूलीकरण प्रणाली है, जो हर रोज वंदे मातरम् गाती है और वह भी पूर्ण रूप से।

नानाजी देशमुख ने भी शिक्षा के महत्त्व को समझ लिया था, इसी लिए वे भारतीय संस्कृति पर आधारित स्कूल खोलने के पक्ष में रहे। यही कारण है कि देश का पहला सरस्वती स्कूल खोलने का श्रेय भी उन्हीं को जाता है।

नानाजी देशमुख ने शिक्षा के माध्यम से ग्रामोत्थान के लिए अनन्य प्रयास किए, योजनाएं बनाईं। उन्हीं से प्रेरित हो नानाजी की जयंती के मौके पर दिल्ली में इंडियन एग्रीकल्चर रिसर्च इंस्टीट्यूट में प्रधानमंत्री नरेंद्र मोदी ने 'गरीबी भारत छोड़ो' अभियान की शुरुआत की। जिसके तहत 2022 तक गरीबी मुक्त भारत बनाने का लक्ष्य सरकार ने रखा है।

नानाजी ने भारत के कई गांवों में सामाजिक कार्यक्रमों के तहत गांवों के उद्धार के लिए काम किया। यही वजह है कि नानाजी की छवि नेता

की ही नहीं, बल्कि एक समाजसेवी की भी थी। उन्होंने गांव समाज को अपना परिवार माना और अंतिम समय तक जनकल्याण के लिए संघर्ष करते रहे।

नानाजी देशमुख जानते थे कि किसी उच्चस्तरीय मिशन को पूरा करने के लिए किसी संघ या संस्था से जुड़ना आवश्यक है। इस बात से यह पता चलता है कि उनका त्यागी व्यक्तित्व कथनी और करनी में फर्क नहीं रखता था। यही कारण था कि वे राष्ट्रीय स्वयंसेवक संघ और भारतीय जनसंघ से भी जुड़े। उन्हें बेहद शालीन और जमीन से जुड़ा नेता समझा जाता था। शिक्षा के क्षेत्र के महत्त्व को नानाजी अच्छी तरह से जानते थे इसीलिए उन्होंने जमीन से जोड़कर शैक्षिक और सामाजिक उत्थान का बीड़ा उठा लिया था।

नानाजी ने परिस्थितिनुसार हर उस आंदोलनकारी का साथ दिया, जो देश कल्याण के लिए काम कर रहा था। विनोबा भावे के भूदान आंदोलन में नानाजी ने महत्त्वपूर्ण भूमिका निभाई थी। इसके अलावा जयप्रकाश नारायण के संपूर्ण क्रांति आंदोलन को भी उन्होंने खुला समर्थन दिया था। नानाजी देश की अशिक्षित जनता को शिक्षित करना चाहते थे। वे जानते थे कि आज के बच्चे ही कल का भविष्य हैं, इसलिए 1950 में नानाजी ने ही देश का पहला सरस्वती शिशु मंदिर गोरखपुर में शुरू किया था। इसके बाद उन्होंने चित्रकूट में दीनदयाल रिसर्च इंस्टीट्यूट की भी शुरुआत की।

शिक्षा और स्वास्थ्य क्षेत्र में दिए जाने वाले योगदान से वे कभी पीछे नहीं हटे, बल्कि बढ़-चढ़ कर ही कार्य किया। उन्हें 1999 में राज्यसभा सदस्य मनोनीत किया गया। नानाजी को पद्म विभूषण अवार्ड से भारत सरकार द्वारा सम्मानित किया गया था।

नानाजी युवाओं के लिए प्रेरणा के स्रोत हैं, जिन्होंने अपना जीवन देश के नाम समर्पित कर दिया, लेकिन राजनीतिक पदों से हमेशा दूर रहे। नानाजी किसी चमत्कारिक छवि की बजाय गुमनाम तरीके से समाज की सेवा में जुटे रहे। अत: उन्हें श्रद्धा सुमन अर्पित करना हमारा कर्त्तव्य है। नानाजी देशमुख को मंत्री पद के लिए मोरारजी की सरकार में आमंत्रित किया गया, लेकिन उन्होंने विनम्रतापूर्वक इन्कार कर दिया। मोदी ने

नानाजी से प्रभावित हो उन्हें ग्राम सेवा में लगे रहने वाला कार्यकर्ता बताया। उन्होंने कहा कि नानाजी देशमुख ने स्वयं को राजनीतिक जीवन से निवृत्त कर करीब 35 सालों तक चित्रकूट को केंद्र बनाकर अपने जीवन को ग्रामीण विकास के लिए खपा दिया।

पद्म विभूषण से सम्मानित नानाजी ने देश की पहली ग्रामीण यूनिवर्सिटी 'चित्रकूट ग्रामोदय विश्वविद्यालय' की स्थापना की थी और इसके पहले चांसलर बने थे। ऐसा अद्भुत त्याग वास्तव में सराहनीय है, उन्होंने अपना जीवन लोकसेवा में लगाया, शिक्षा जगत में किये गये उनके कार्यों को आज भी बड़ी शिद्दत के साथ याद किया जाता है।

भारतीय संस्कृति के वाहक

साहित्य कला और संस्कृति किसी भी सभ्य समाज के लिए सबसे बड़ी जरूरत होती है। भारतीय सभ्यता संस्कृति और परम्परा पूरी दुनिया में सबसे प्राचीन मानी जाती है।

आधुनिक विकास और पश्चिमी अंधानुकरण ने भारतीय जनमानस में भारतीय संस्कृति के खिलाफ लगातार हमला किया। उसी को ध्यान रखते हुए नानाजी देशमुख सचेतन भारतीय संस्कृति के आजीवन वाहक बने रहे।

इतिहास गवाह है कि व्यक्ति के कर्म से ही उसे पहचाना जाता है। उसके कर्म ही उसे प्रख्यात करते हैं, उसकी शख्सियत को कद प्रदान करते हैं। नानाजी देशमुख बड़ी शख्सियत थे और उन्हें किसी पहचान की दरकार नहीं थी। उनकी विलक्षण बौद्धिकता और अनोखी संगठन शक्ति ने भारतीय राजनीति में एक अमिट छाप छोड़ी है। नानाजी की संगठन शक्ति के फलस्वरूप आरएसएस शाखाएं स्थापित हो सकीं। एक संगठक, नेता और ग्रामोदय के प्रति स्वयं को समर्पित करने वाले नानाजी देशमुख से हमें कई रूपों में प्रेरणा मिलती है। राजनीति से संन्यास लेने के बाद उन्होंने दूरदराज के ग्रामीणों के सामाजिक-आर्थिक कल्याण और उनमें नैतिक तथा आध्यात्मिक मूल्यों का संचार करने का बीड़ा उठाया और जी भर कर काम किया। उन्होंने पहले उत्तर प्रदेश के सबसे पिछड़े जिले गोंडा में सुधार व उसके उत्थान पर काम शुरू किया। फिर, सूखा पीड़ित और गरीबी से त्रस्त महाराष्ट्र के बीड जिले को अपना कार्यक्षेत्र बनाया। इसके बाद उन्होंने असंभव को संभव करने की ठानी और उत्तर प्रदेश के चित्रकूट में करीब 500 गांवों में नैतिक मूल्यों के साथ व्यापक सामाजिक-आर्थिक विकास के लिए वहीं जम गए और असंभव को संभव कर दिखाया। चित्रकूट परियोजना संस्थागत विकास और ग्रामीण विकास के एक मॉडल के रूप में अनोखा प्रयास है। इस प्रयास से

यह भी संदेश मिलता है कि राजनैतिक ताकत ही सब कुछ नहीं है। उसकी तुलना में जनता की ताकत अधिक स्थायी और टिकाऊ है। अतः शोषितों और उपेक्षितों के साथ एक रूप होकर ही प्रशासन और राजकाज का गुर सीखा जा सकता है। क्योंकि देश की समस्या या समृद्धि प्रत्येक वर्ग को मिलाकर ही आंकड़े तैयार करती है। युवा पीढ़ी बदलाव का सामर्थ्य रखती है, इसलिए विलक्षणता और आत्मनिर्भरता का भाव जगाए बगैर सामाजिक विकास और समृद्धि संभव नहीं है। इसी सिद्धांत पर चित्रकूट परियोजना चित्रकूट के आसपास के पांच गांवों के समूह बनाकर सौ गांव समूहों को विकसित करने के लिए तैयार की गई। चित्रकूट परियोजना आत्मनिर्भरता की मुहिम है। इसके तहत गांव के हर व्यक्ति, परिवार और समाज के हर पहलू पर गौर किया जाता है। इस मुहिम का आधार हैं समाज शिल्पी दंपती। ये दंपती गांव के ही होते हैं और पांच गांवों के समूह में प्रेरणा देने की जिम्मेदारी निभाते हैं। सबसे पहले इनकी आय की ओर ध्यान दिया जाता है। इसमें जरूरत के मुताबिक जल संचयन और मृदा प्रबंधन की तकनीक अपनाई जाती है। 2.5 से 1.5 एकड़ की जोत में आदर्श कृषि की विधि अपनाई जाती है, ताकि छोटे और हाशिए के किसानों की पारिवारिक जरूरतें पूरी हो सकें और किसी प्रयोगात्मक विधि से उन्हें नुकसान न पहुंचे। इसके साथ उद्यम कौशल और स्व-सहायता समूह के जरिए आय बढ़ाने के उपाय अलग होते हैं और ये सभी उपक्रम जुड़े होते हैं। तत्कालीन राष्ट्रपति डॉ. अब्दुल कलाम ने नानाजी की चित्रकूट परियोजना को देखा तो बहुत सराहा और उसे भारत के लिए सबसे उपयुक्त बताया था। उन्होंने पाया कि जिले के 80 गांव पूरी तरह मुकदमों से छुटकारा पा चुके हैं।

चित्रकूट नानाजी की आखिरी कर्मभूमि थी, वैसे तो पूरा देश ही उनकी कर्मभूमि थी। यह कहा जाता है कि अभाव ही इंसान को बुराइयों की ओर धकेलते हैं। नानाजी को बचपन में कई दिनों तक खाना नसीब नहीं होता था, लेकिन उससे वे नक्सल नहीं बने। सही उम्र में उनका आरएसएस से जुड़ाव और सही व्यक्तियों के साथ संबंधों ने उन्हें एक महान राष्ट्रवादी बनाया, जो एक मिसाल बन गए, जिसने अपनी मातृभूमि के गौरव के लिए ही पूरा जीवन होम कर दिया।

इस पृष्ठभूमि के ज्यादातर लोग एक सीमित समूह के ही बनकर रह जाते हैं, लेकिन नानाजी कुछ अलग थे, उनके दूसरी राजनैतिक पार्टियों, उद्योग घरानों, मीडिया और सीविल सोसाइटी के नेताओं से भी व्यक्तिगत संबंध थे। वे अपने राजनैतिक संगठन के बारे में भी राय जाहिर करने से कभी नहीं हिचकिचाते थे। उनमें राष्ट्र हित में खुलकर बोलने और पार्टीगत विचारों से ऊपर उठने की अद्‌भुत क्षमता थी। जो उन्हें भीड़ से अलग दर्शाती थी। उनके ही प्रयासों से गोरखपुर में शुरू हुआ शिशु मंदिर देश-भर में सुपरिचित शिक्षा संस्थान बन गया। नानाजी ने कई उद्योगपतियों को भी सामाजिक उद्देश्य के लिए काम करने को प्रेरित किया। नानाजी का मानना था- 'विज्ञान तो सार्वभौमिक होता है पर तकनीक स्थानीय होनी चाहिए' क्योंकि हर स्थान का वातावरण, संसाधन भिन्न होता है। नानाजी देशमुख का समाज के प्रति निःस्वार्थ सेवा भाव हमारे लिए हमेशा प्रेरणास्रोत बना रहेगा।

युगदृष्टा नानाजी देशमुख

नानाजी देशमुख ने सर्वप्रथम गांवों में सुधार से शुरुआत की। उसके बाद राष्ट्रीय स्तर पर कार्य करते हुए युगदृष्टा साबित हुए। वह भारतीय जनसंघ में दीनदयाल उपाध्याय के समकक्ष थे और समविचार होने के कारण दोनों में बहुत घनिष्ठता थी। नानाजी देशमुख अधिक उम्र के व्यक्ति का राजनीति में सक्रिय होना उचित नहीं समझते थे, इसलिए उनका मानना था जब कोई नेता 60 साल का हो जाए तो उसे राजनीति छोड़कर समाज संबंधी काम करने चाहिए।

वे जानते थे कि वास्तविक समाज सेवा के दौरान शोषितों और उपेक्षितों के साथ एक रूप होकर ही प्रशासन और राजकाज का गुर सीखा जा सकता है। इसके लिए युवा पीढ़ी में समाज निर्माण की चेतना जगाना भी अनिवार्य है।

इसी सोच के तहत 'चित्रकूट परियोजना' चित्रकूट के आसपास के पांच गांवों के समूह बनाकर सौ गांव समूहों को विकसित करने के लिए तैयार की गई। इसके तहत गांव के हर व्यक्ति, परिवार और समाज के जीवन के हर पहलू पर गौर किया जाता है। नानाजी देशमुख ने कहा था- 'हम अपने लिए नहीं, अपनों के लिए हैं, अपने वे हैं जो सदियों से पीड़ित एवं उपेक्षित हैं।' नानाजी के इस कथन से उनकी विचारणीय शक्ति उजागर होती है। यही वजह थी कि उन्होंने ग्रामोदय से राष्ट्रोदय के नवीन प्रयोग के लिए 1996 में स्नातक युवा दंपतियों से पांच वर्ष का समय देने का आह्वान किया तो इस आह्वान पर दूर-दूर के प्रदेशों से प्रतिवर्ष ऐसे दंपती चित्रकूट पहुंचने लगे थे। चयनित दंपतियों को 15-20 दिन का प्रशिक्षण दिया जाता था।

नानाजी सरल साधारण रहन-सहन पसंद करते थे और माहौल को सरल बनाए रखने के लिए सहज व साधारण उदाहरण प्रस्तुत करते थे। नानाजी

उन्हें प्रोत्साहित करने के लिए कहते थे- 'राजा की बेटी सीता उस समय की परिस्थितियों में इस क्षेत्र में 14 वर्ष तक रह सकती है, तो आज इतने प्रकार के संसाधनों के सहारे तुम पांच वर्ष क्यों नहीं रह सकतीं?' ये शब्द सुनकर नवदाम्पत्य में बंधी युवतियों में सेवा भाव और बढ़ जाता था और कदम अपने सुनहरे शहर एवं घर की तरफ नहीं बल्कि सीता की तरह अपने पति के साथ जंगलों-पहाड़ों के बीच बसे गांवों की ओर बढ़ते थे। यह नानाजी की वाक्‌शैली ही थी, जो लोगों को अपना सुख त्यागकर जनसेवा की ओर प्रेरित करती थी। स्वावलंबी और स्वाभिमानी भारत के निर्माण के लिए नानाजी देशमुख ने जीवन-भर अहर्निश कार्य किया। चित्रकूट समेत देश के अनेक जनपदों में चल रहीं समग्र ग्राम विकास योजनाएं आज उनकी राष्ट्र साधना की जीवंत साक्षी हैं।

नानाजी की यह खासियत थी कि वह अन्य मौकापरस्त नेताओं की भांति किसी बात को केवल कहते ही नहीं थे वरन उसे कार्यरूप में परिवर्तित भी करते थे। आधुनिक युग के इस दधीचि का पूरा जीवन ही एक प्रेरक कथा है। नानाजी उन लोगों में से थे, जिन्होंने अपना सम्पूर्ण जीवन राष्ट्र की सेवा में अर्पित करने के लिये संघ को दे दिया और बदले में कभी किसी पद या सम्मान की मांग नहीं की। नानाजी प्रयोगवादी थे। उनके प्रयोगवादी रचनात्मक कार्यों के ही उदाहरण हैं 'समाजशिल्पी दंपती' और 'सरस्वती शिशु मंदिर।' सरस्वती शिशु मंदिर आज भारत की सबसे बड़ी स्कूलों की श्रृंखला बन चुकी है। इसकी नींव नानाजी ने ही 1950 में गोरखपुर में रखी थी। संस्कार भारती के संस्थापक सदस्यों में भी एक रहे हैं नानाजी।

राष्ट्रीय स्वयंसेवक संघ ने 'राष्ट्रधर्म' का प्रकाशन करने का निर्णय लिया तो नानाजी को प्रबन्ध निदेशक का दायित्व दिया गया। नानाजी ने अपनी कार्य कुशलता का परिचय देते हुए 'राष्ट्रधर्म' के साथ-साथ 'पांचजन्य' व 'दैनिक स्वदेश' का प्रकाशन प्रारम्भ कर समाज में अपनी एक अलग पहचान बनाई। 1951 में उन्हें पंडित दीनदयाल के साथ भारतीय जनसंघ का कार्य करने को कहा गया। वह नानाजी ही थे, जो चौधरी चरण सिंह जी और उनके सहयोगियों को कांग्रेस से विरक्त कर सके और उत्तर प्रदेश में पहली साझा सरकार बन सकी। नानाजी का मानना था कि राजनीति में संघर्ष

के साथ सामंजस्य भी होना चाहिए। वरना आपस की फूट ही सत्ता से दूर करती जाती है और अंतिम व्यक्ति की सेवा का उद्देश्य भी पूरा नहीं होता। इससे नानाजी की अनुशासनप्रियता और सबको साथ लेकर चलने की क्षमता उभरकर सबके सामने आई।

राजनीतिज्ञों और जनसाधारण में यह चर्चा थी कि वह गृहमंत्री बनेंगे, लेकिन अपनी सोच व कहेनुसार जैसे ही वह 60 साल के हुए, राजनीति छोड़ दी और चित्रकूट में एकात्म मानववाद की कल्पना को आधार बना ग्रामीण विकास के काम में लग गए और मृत्यु पर्यन्त लगे रहे।

उस समय राष्ट्रीय स्वयंसेवक संघ के सरसंघचालक माधवराव सदाशिव गोलवलकर थे और महासचिव बने नानाजी देशमुख। भारतीय जनसंघ ने तेजी से उत्तर प्रदेश की राजनीति में विस्तार किया। चन्द्रभानु गुप्त जो उत्तर प्रदेश के मुख्यमंत्री थे, उन्होंने नानाजी का बखान करते हुए कहा था कि यह नाना देशमुख नहीं, नाना फड़नवीस हैं। नानाजी देशमुख 1967 में उत्तर प्रदेश में संयुक्त विधायक दल की सरकार के प्रमुख सूत्रधारों में से एक थे।

नानाजी का योगदान राजनीति से कहीं अधिक ग्रामोदय में रहा। उनके द्वारा स्थापित चित्रकूट का विश्वविद्यालय ग्रामीण विकास का मॉडल है। 11 फरवरी, 1968 को पं. दीनदयाल का अकाल निधन हो गया। उसके बाद नानाजी ने दीनदयाल स्मारक समिति का पंजीयन कराकर एक नए अध्याय की शुरुआत की। 20 अगस्त, 1972 से 'एकात्म मानव दर्शन' के सिद्धांत को क्रियान्वित करने के लिए 'दीनदयाल शोध संस्थान' कार्यालय नई दिल्ली में नानाजी के नेतृत्व में कार्य करने लगा। 1991 में भगवानन्दजी महाराज के आग्रह पर नानाजी चित्रकूट आये।

चित्रकूट परियोजना संस्थागत विकास और ग्रामीण विकास जनता की शक्ति पर आश्रित एक अनोखा प्रयास है। नानाजी ने कुशल प्रशासन व राजकाज सीखने के लिए कहा कि शोषितों और उपेक्षितों के साथ एक रूप होना तथा युवा पीढ़ी में सामाज निर्माण की चेतना जगाना अनिवार्य है।

चित्रकूट परियोजना आत्मनिर्भरता की मिसाल है। इस परियोजना का उद्देश्य चित्रकूट के आसपास के पांच गांवों के समूह बनाकर सौ गांव समूहों

को विकसित करना था। इसके तहत गांव के हर व्यक्ति, परिवार और समाज के जीवन के हर पहलू पर गौर किया जाता है। इस आदर्शवादी परियोजना की जरूरत के मुताबिक जल संचयन और मृदा प्रबंधन की तकनीक अपनाई जाती है। इसके अतिरिक्त उद्यम कौशल और स्व-सहायता समूह के जरिए आय बढ़ाने के उपाय अलग होते हैं, और भी कई उपक्रम जुड़े होते हैं। उदाहरणतः कोई बेकार न रहे। कोई गरीब न रहे। कोई बीमार न रहे। कोई अशिक्षित न रहे। हरा-भरा और विवादमुक्त गांव हो। ग्राम विकास की इस नवरचना का आधार है समाजशिल्पी दंपती, जो पांच वर्ष तक गांव में रहकर इस पांच सूत्रीय लक्ष्य की प्राप्ति के लिए काम करते हैं।

ग्रामोदय से राष्ट्रोदय के अभिनव प्रयोग के लिए नानाजी ने 1996 में स्नातक युवा दंपतियों से पांच वर्ष का समय देने का आह्वान किया। इसके नियमानुसार पति-पत्नी दोनों कम-से-कम स्नातक हों, आयु 35 वर्ष से कम हो तथा दो से अधिक बच्चे न हों। इस आह्वान पर दूर-दूर के प्रदेशों से प्रतिवर्ष ऐसे दंपती चित्रकूट पहुंचने लगे। चयनित दंपतियों को 15-20 दिन का प्रशिक्षण दिया जाता है। प्रशिक्षण के दौरान नानाजी का मार्गदर्शन मिलता है। उनके द्वारा की गई कोशिशों का ही फल है, जो वर्तमान में 40 समाजशिल्पी दंपती यहां कार्यरत हैं। नानाजी ने देश के पहले ग्रामीण विश्वविद्यालय की स्थापना की और नाम रखा चित्रकूट ग्रामोदय विश्वविद्यालय। वे सन् 1991 से 1994 तक नानाजी ग्रामोदय विश्वविद्यालय के संस्थापक कुलाधिपति रहे। लेकिन उनके विचार अलग थे। आखिरकार सरकार की नीतियों से तंग आकर नानाजी ने 1995 में कुलाधिपति पद से त्याग पत्र दिया और विश्वविद्यालय का काम सरकार के जिम्मे छोड़ दिया।

नानाजी देशमुख के त्याग, देशसेवा एवं व्यवहारकुशलता को आंकते हुए उन्हें महात्मा गांधी सम्मान, एकात्मता पुरस्कार, श्रेष्ठ नागरिक सम्मान, पद्म विभूषण, वरिष्ठ नागरिक सम्मान, मानस हंस, जीवन गौरव, संत ज्ञानेश्वर पुरस्कार आदि पुरस्कारों से सम्मानित किया गया है। उन्हें अजमेर, मेरठ, झांसी, पूना एवं चित्रकूट विश्वविद्यालय द्वारा डी. लिट् की मानद उपाधि भी दी गयी। यही नहीं महामहिम राष्ट्रपति द्वारा 1999 में राज्यसभा के नानाजी सदस्य भी चुने गये। नानाजी का जीवन हम सभी के लिए प्रेरणा का स्रोत है।

27 फरवरी, 2010 को उन्होंने हम सबसे विदा ली। अपने जीवन में ही उन्होंने कह दिया था कि उनकी मृत्यु के पश्चात उनके शरीर को जलाया नहीं जाएगा, बल्कि शोध के लिए अखिल भारतीय आयुर्विज्ञान संस्थान, दिल्ली को सौंप दिया जाएगा। जीवन के हर क्षेत्र में उन्होंने अद्‌भुत आदर्श स्थापित किया। बचपन से लेकर युवावस्था और फिर वृद्धावस्था और उसके बाद भी इस नश्वर संसार से विदा लेने के उपरांत अपने शरीर का अंग-अंग राष्ट्र को दान कर दिया। उनके द्वारा किया गया त्याग युग-युगांतर सराहा जाएगा।

एकात्म मानववाद और नानाजी

आज भी नानाजी की तरह बुद्ध और महावीर के मानवतावाद के विचारों को आगे बढ़ाने का कार्य कई लोगों ने किया, लेकिन उन विचारों को धरातल पर लागू करने के लिए पं. दीनदयाल जी ने सैद्धान्तिक तौर पर काफी कार्य किया था।

नानाजी के विचारों से अवगत होने से पहले, एक बार हमें दीनदयाल जी के प्रमुख विचारों से अवगत होना पड़ेगा, एकात्म मानवतावाद के बारे में उन्होंने कहा था- 'यह जरूरी है कि हम एकात्म मानववाद के सभी पहलुओं पर विचार करें।' तो जब तक देश अंग्रेजी राज के अधीन था, तब तक देश के सभी आंदोलनों और नीतियों का एक ही उद्देश्य था विदेशी शासकों को बाहर निकाल कर स्वतंत्रता हासिल करना।

लेकिन स्वतंत्रता के बाद नए भारत का क्या चेहरा होगा? हम किस दिशा में आगे बढ़ेंगे? इन विषयों पर निश्चित रूप से विचार किया गया। यह कहना सही नहीं होगा कि इस पहलू पर कोई विचार नहीं किया गया। ऐसे लोग थे, जिन्होंने उस समय भी इन प्रश्नों पर विचार किया था। गांधीजी ने स्वयं अपनी पुस्तक 'हिन्द स्वराज' में स्वतंत्र भारत का अपना विचार रखा था। इससे पहले लोकमान्य तिलक ने अपनी पुस्तक 'गीता रहस्य' में भारत के कायाकल्प के दार्शनिक आधार की चर्चा की थी। उन्होंने उस समय दुनिया में फैले विचारों पर तुलनात्मक चर्चा की थी।

इसके अलावा, कांग्रेस और दूसरे दलों ने समय-समय पर विभिन्न प्रस्तावों को अपनाया, जिसमें इस विषय की चर्चा की गई थी। हालांकि इस विषय पर उससे ज्यादा अध्ययन किए जाने की जरूरत है, जितना कि उस समय किया गया था। उस समय इस पर गंभीरता से ध्यान नहीं दिया गया, क्योंकि

हर किसी का मानना था कि अंग्रेजों को बाहर निकालने के बारे में सोचना ज्यादा जरूरी था और दूसरी बातों पर बाद में भी विचार किया जा सकता था। यह उचित नहीं लगता कि जब विदेशी शासन लागू हो तो आंतरिक विषयों पर समय व्यर्थ किया जाए। इसलिए भले ही विचारों में मतभेद हो, उन्हें कुछ समय के लिए ठंडे बस्ते में डाल दिया गया।

इसका परिणाम यहां तक हुआ कि जिनका विचार था कि भविष्य के भारत के लिए समाजवाद को आधार बनाया जाना चाहिए, वे कांग्रेस के भीतर ही समाजवादी समूह के रूप में काम करते थे। उन्होंने अलग दल बनाने जैसा कुछ नहीं सोचा।

क्रांतिकारी भी, अपने तरीके से स्वतंत्रता के लिए काम कर रहे थे। हालांकि, सभी इस बात पर सहमत थे कि स्वतंत्रता हासिल करना सबसे महत्त्वपूर्ण काम था। स्वतंत्रता प्राप्ति के बाद, हमारे सामने स्वाभाविक रूप से यह प्रश्न उठता है कि हमारी प्रगति की दिशा क्या होगी? लेकिन यह आश्चर्यजनक है कि इस प्रश्न पर गंभीरता से विचार नहीं किया गया और स्वतंत्रता के बाद आज तक भी हम पक्के तौर पर नहीं कह सकते कि कोई निश्चित दिशा तलाश की गई है।

समय-समय पर, कांग्रेस या अन्य अपने उद्देश्यों के अनुसार कल्याणकारी राज्य, समाजवाद, उदारवाद आदि की घोषणा कर चुके हैं लेकिन ये आदर्शवादी नारे, नारों से हटकर दर्शन के लिए कम ही महत्त्व रखते हैं। मैं ऐसा व्यक्तिगत विचार-विमर्श के आधार पर कह रहा हूँ। एक प्रमुख सज्जन व्यक्ति ने एक विमर्श के दौरान कांग्रेस के विरुद्ध साझा मोर्चा बनाने का सुझाव दिया, जिससे कि कांग्रेस को तगड़ी टक्कर दी जा सके। आजकल राजनैतिक दल इस रणनीति को अपनाते हैं। इसलिए, इस तरह के विचार का आगे आना आश्चर्यजनक था। हालांकि, मैंने स्वाभाविक रूप से पूछा, 'हम क्या कार्यक्रम अपनाएंगे? अगर इस तरह का साझा मोर्चा बनता है, तो कार्यक्रमों के बारे में कुछ जानकारी बहुत जरूरी होगी। हमारी आर्थिक नीति क्या होगी? हमारी विदेश नीति क्या होगी? इन प्रश्नों पर भी मोटे तौर पर विचार रखा जाना चाहिए।'

'इसके बारे में चिन्ता ना करें। आप जो चाहें उसे स्वीकार कर सकते हैं। हम समर्थन के लिए तैयार हैं, चरम मार्क्सवाद से लेकर पूंजीवाद तक कुछ

भी।' उत्तर इस तरह से आया, जैसे यह बहुत सामान्य था। उन्हें किसी भी कार्यक्रम को स्वीकार करने में आपत्ति नहीं थी। सिर्फ एक ही लक्ष्य था कि किसी तरह कांग्रेस को हराया जाना चाहिए। यहां तक कि अब भी कुछ लोग कहते हैं कि कांग्रेस को हराया जाना चाहिए, भले ही साम्यवादियों या दूसरों के सहयोग के साथ।

हाल ही में केरल में चुनाव हुए। चुनाव के समय साम्यवादी, मुस्लिम लीग, स्वतंत्रता पार्टी, एस.एस.पी. विद्रोही कांग्रेस जिसे केरल कांग्रेस के नाम से भी जाना गया, रिवोल्यूशनरी सोशलिस्ट पार्टी आदि ने कई सारे द्विपक्षीय गठबन्धन बनाए। इसका नतीजा यह हुआ कि यह मानना बहुत मुश्किल था कि इन दलों की कोई निश्चित विचारधारा, सिद्धांत और उद्देश्य भी है। जहां तक सिद्धांतों की बात है, यह स्थिति है।

कांग्रेस भी, इसी तरह की स्थिति में है। हालांकि कांग्रेस ने लोकतांत्रिक समाजवाद को अपना लक्ष्य घोषित किया है, कांग्रेस के बहुत से नेताओं के व्यवहार से एक चीज साफ तौर पर दिखाई देती है कि उनका कोई निश्चित सिद्धांत नहीं है, कांग्रेस में एकतरफा सोच नहीं है। कांग्रेस में साम्यवाद के घोर समर्थक भी हैं। यहां ऐसे भी लोग हैं, जो पूंजीवाद में भरोसा रखते हैं और साम्यवाद के कट्टर विरोधी हैं। कांग्रेस के मंच पर हर तरह के लोग हैं। अगर कोई जादुई पिटारा हो सकता है, जिसमें कोबरा और नेवला साथ रह सकते हैं, तो यह कांग्रेस है।

हमें विचार करना चाहिए कि क्या हम ऐसी स्थितियों में विकास कर सकते हैं। अगर हम ठहरकर देश के सामने आ रही समस्याओं के कारणों का विश्लेषण करें तो हमें पता चलेगा कि लक्ष्यों और दिशा को लेकर हमारी भ्रम की स्थिति इसका सबसे बड़ा कारण है। मुझे एहसास है कि भारत से सभी 45 करोड़ लोग सभी प्रश्नों या यहां तक कि एक प्रश्न पर भी सहमत नहीं हो सकते। यह किसी भी देश में संभव नहीं है। फिर भी, सामान्यतः किसी भी देश के लोगों की ज्यादा हो या कम एक आम इच्छा होती है। अगर इस लोकप्रिय आकांक्षा को हमारे उद्देश्यों का आधार बनाया जाता है, तो आम आदमी सोचता है कि देश सही दिशा में आगे बढ़ रहा है और उसकी खुद की आकांक्षा देश के प्रयासों में परिलक्षित होती है। इससे एकता की अधि

कतम संभव भावना उत्पन्न होती है। इस कथन की सच्चाई अक्टूबर/नवम्बर में चीन के आक्रमण के समय लोगों की प्रतिक्रिया में दिखाई दी। पूरे देश में एक उत्साह की लहर थी। कार्यवाही और बलिदान, दोनों प्रचुर मात्रा में थे। सरकार और आम जनता या विभिन्न राजनैतिक दलों में कोई अंतर नहीं था। यह कैसे संभव हुआ? बाहरी खतरे ने हमें खुद को पहचानने का अवसर दिया। सरकार ने जो नीति अपनाई, उसमें लोगों में फैली व्यापक भावना दिखाई दी और उनकी बलिदान की भावना के साथ आत्मसम्मान को बढ़ाया। इसका परिणाम था कि हम एकजुट होकर खड़े रहे।

यह बहुत जरूरी है कि हम अपनी राष्ट्रीय पहचान के बारे में सोचें। इस पहचान के बिना ना तो स्वतंत्रता का कोई मतलब है और ना ही स्वतंत्रता विकास और खुशी का साधन बन सकती है। जब तक हम अपनी राष्ट्रीय पहचान से अनजान रहेंगे, हम हमारी सभी क्षमताओं की पहचान और उनका विकास नहीं कर सकते। विदेशी राज में इस पहचान को दबाया गया। इसीलिए राष्ट्र स्वतंत्र रहना चाहते हैं, जिससे वे उनके प्राकृतिक झुकाव के अनुरूप विकास कर सकें और उनके प्रयासों में खुशी का अनुभव कर सकें। प्रकृति ताकतवर है। प्रकृति के विरुद्ध जाने का प्रयास या उसका अपमान समस्याओं को निमंत्रण देता है।

प्राकृतिक सहज ज्ञान को नजरअंदाज नहीं किया जा सकता, लेकिन यह संभव है कि इस प्रकृति को संस्कृति के स्तर तक उठा दिया जाए। मनोविज्ञान हमें बताता है कि प्राकृतिक सहज ज्ञान को दबाने से किस तरह अलग-अलग मानसिक रोग हो सकते हैं। इस तरह का व्यक्ति बेचैन और उदास रहता है। धीरे-धीरे उसकी क्षमता घटने लगती है और वह विकृत हो जाता है। राष्ट्र भी व्यक्ति की तरह है, जब उसके प्राकृतिक सहज ज्ञान को नजरअंदाज किया जाता है, तो वह कई तरह की बीमारियों का शिकार बनता है। भारत के सामने प्रमुख समस्या है अपनी राष्ट्रीय पहचान की अवहेलना।

अवसरवादिता के कारण राजनीति में लोगों का विश्वास हिल गया है।

वे अधिकांश लोग, जो इस राष्ट्र को आज चला रहे हैं या वे जो देश के मामलों में सक्रिय रुचि रखते हैं, इस मूल कारण से अनभिज्ञ हैं। नतीजतन बिना किसी सिद्धांत वाले लोग हमारे देश की राजनीति को चलाते हैं। दलों

और राजनेताओं के पास ना तो सिद्धांत हैं ना ही उद्देश्य और ना आचरण का मानक तरीका। लोगों को एक दल को छोड़कर दूसरे में शामिल होने में कुछ भी गलत नहीं लगता। यहां तक कि दलों के गठबंधन और विलय या उनका अलग होना किसी समझौते या सिद्धान्तों में मतभेद के कारण नहीं बल्कि पूरी तरह से चुनावी फायदों या सत्ता में स्थान पाने को लेकर होता है। 1939 में श्री हाफिज मोहम्मद इब्राहिम मुस्लिम लीग के टिकट पर चुने गए।

बाद में जब वे कांग्रेस में शामिल हुए तो सार्वजनिक आचरण के स्वस्थ सिद्धांतों का अनुमोदन करते हुए उन्होंने त्यागपत्र दिया और कांग्रेस के टिकट पर फिर से चुनाव की मांग की और फिर से चुने गए। 1948 में जब समाजवादियों ने कांग्रेस को छोड़कर सोशलिस्ट पार्टी बनाई, तो विधायिका के सदस्य रहे सभी लोगों ने त्यागपत्र देकर सोशलिस्ट पार्टी के टिकट पर फिर से चुनाव लड़ा। लेकिन उसके बाद इस स्वस्थ परम्परा को भुला दिया गया। अब राजनीति में पूरी स्वच्छंदता है। नतीजतन, जनता के मन में प्रत्येक के लिए अविश्वास है। शायद ही कोई होगा, जिसकी ईमानदारी जनता की नजर में संदेह से परे हो। इस स्थिति को बदलना चाहिए। अन्यथा, एकता और अनुशासन नहीं रह सकता।

राष्ट्र दोराहे पर खड़ा है। कुछ लोग सुझाव देते हैं कि हमें वहीं से शुरुआत करनी चाहिए, जहां हमने एक हजार साल पहले छोड़ा था, जब विदेशी आक्रांताओं ने हमारी जिंदगी को बाधित किया था, लेकिन राष्ट्र कपड़े की तरह कोई निर्जीव वस्तु नहीं है कि कुछ समय के बाद फिर से बुनाई शुरू कर दी जाए। इसके अलावा यह कहना कि हजार साल पुराने विदेशी शासन ने हमारी राष्ट्र की जिंदगी को इस हद तक बाधित कर दिया है कि उस समय से लेकर आज के दिन तक हम अप्रगतिशील और निष्क्रिय बने रहे, तर्कसंगत नहीं होगा। बदलती परिस्थितियों में राष्ट्र के सामने आ रही चुनौतियों का सामना करने के लिए निश्चित रूप से राष्ट्र ने अपने सर्वश्रेष्ठ लोगों को लगाया है।

हमने अपनी जिंदगी को आगे ले जाने और विदेशियों से स्वतंत्रता हासिल करने के लिए बहुत संघर्ष किया है। हमारे राष्ट्रीय जीवन का प्रवाह रुका नहीं, बल्कि निरंतर चलता रहा था। गंगा के पानी को उलट कर पीछे के किसी स्थान तक ले जाना बुद्धिमत्तापूर्ण नहीं होगा। हो सकता है कि बनारस में गंगा

उतनी शुद्ध ना हो, जितनी कि हरिद्वार में। लेकिन फिर भी यह वही पवित्र गंगा है। इसने बहुत से नालों को उनके अवशिष्ट के साथ अवशोषित किया है। हालांकि, इनका कोई अलग अस्तित्व नहीं है, बल्कि ये गंगा ही बन गए हैं। वर्तमान गंगा अपरिहार्य रूप से उज्ज्वल रहनी चाहिए। यदि यह सब हुआ होता, यह अभी भी बड़ी समस्या नहीं होती। लेकिन विश्व में दूसरे देश भी हैं।

उन्होंने पिछले एक हजार वर्षों में अभूतपूर्व प्रगति की है। हमारा पूरा ध्यान स्वतंत्रता की लड़ाई लड़ने या आक्रमणकारियों के नए गिरोहों को दूर रखने में लगा रहा। हम विश्व की प्रगति में योगदान करने में सक्षम नहीं रहे। अब जबकि हम आजाद हैं, क्या यह बेहतर नहीं होगा कि हम जल्द-से-जल्द इस कमी की भरपाई करें और विश्व के विकसित राष्ट्रों के साथ कंधे-से-कंधा मिलाकर खड़े हों?

इस बिन्दु तक कोई मतभेद नहीं है। मुश्किल तब पैदा होती है, जब हम पश्चिम की अभूतपूर्व प्रगति, इसके वास्तविक और अवास्तविक प्रभावों के कारणों को पहचानने में विफल होते हैं। इस तथ्य से स्थिति और भी जटिल हो जाती है कि अंग्रेजों और पश्चिम के प्रतिनिधियों ने इस देश पर शताब्दियों तक राज किया, और इस दौरान इस तरह के कदम उठाए कि हमारे लोगों के दिमाग में धीरे-धीरे भारतीय चीजों के लिए अवमानना और पश्चिम की हर चीज के लिए सम्मान का भाव भी पैदा किया।

वैज्ञानिक उन्नति के साथ ही, उनका जीवन जीने का तरीका, शिष्टाचार, खाने की आदतें आदि सब इस देश में आईं। ना केवल भौतिक विज्ञान बल्कि उनकी सामाजिक, आर्थिक और राजनैतिक सिद्धांत भी हमारे मानक बन गए। आज इस देश के पढ़े-लिखे लोगों में इसका प्रभाव साफ दिखाई देता है। हमें तय करना होगा कि यह प्रभाव हमारे लिए अच्छा है या बुरा। अंग्रेजों के शासन के समय उनकी चीजों का बहिष्कार करने में हमें गर्व महसूस होता था, लेकिन आश्चर्य है कि अब अंग्रेज जा चुके हैं, तो पाश्चात्यकरण प्रगति का पर्याय बन चुका है। यह सही है कि राष्ट्रवाद की संकीर्ण भावना को राष्ट्र की प्रगति में बाधा डालने की अनुमति नहीं दी जानी चाहिए।

हालांकि पश्चिम का विज्ञान और पश्चिमी रहन-सहन दोनों अलग-अलग बातें हैं। जहां पश्चिमी विज्ञान सार्वभौमिक है और अगर हम आगे बढ़ना

चाहते हैं, तो इसे हमें स्वीकार करना चाहिए, लेकिन यही बात जीवन जीने के पश्चिमी तरीके और मूल्यों के बारे में सही नहीं है। असल में पश्चिम की विचारहीन नकल को पूरी तरह से खारिज किया जाना चाहिए। ज्यादातर ऐसे लोग हैं, जो पश्चिम के आर्थिक और राजनैतिक सिद्धांतों को प्रगति का प्रतीक मानते हैं और इसी को हमारे देश में भी लागू करने की इच्छा रखते हैं। इसलिए जब हम यह निर्धारित करने की कोशिश कर रहे हैं कि हम अपने देश को कहां और कैसे ले जाना चाहते हैं, तो हमें पश्चिम के विभिन्न आर्थिक और राजनैतिक सिद्धांतों के आधार और उनकी वर्तमान स्थिति को भी ध्यान में रखना चाहिए।

विभिन्न तरह के वाद जिन्होंने पश्चिम को प्रभावित किया, उसमें से राष्ट्रवाद, लोकतंत्र और समाजवाद प्रमुख हैं। इसी समय कुछ लोग थे, जिन्होंने वैश्विक एकता और वैश्विक शांति को बढ़ावा दिया और इस दिशा में कुछ प्रयास किए।

इनमें से, राष्ट्रवाद सबसे पुराना और सबसे मजबूत विचार है। रोमन साम्राज्य के पतन और कैथोलिक चर्च के प्रभाव में कमी के बाद, यूरोप में कई देशों का उदय हुआ। यूरोप का पिछले कुछ हजार वर्षों का इतिहास कई देशों के उदय और उनके बीच संघर्ष का इतिहास रहा है। इन देशों ने यूरोपीय महाद्वीप की सीमा से बाहर अपने साम्राज्य को फैलाया और दूसरे स्वतंत्र राष्ट्रों को अपने अधीन किया। राष्ट्रवाद राष्ट्र और राज्य को साथ लाया, जिससे राष्ट्र राज्यों का उदय हुआ। ठीक इसी समय रोमन कैथोलिक चर्चों के प्रभाव में कमी आने के कारण या तो राष्ट्रीय चर्चों को बढ़ावा मिला या फिर राजनीति से धर्म का प्रभाव पूरी तरह से खत्म हो गया। धर्मनिरपेक्ष राज्य की अवधारणा इसी स्थिति से उत्पन्न हुई।

लोकतंत्र एक क्रान्तिकारी विचार था, जिसने यूरोप के राजनैतिक जीवन पर गहरा असर डाला। शुरुआत में, प्रत्येक राष्ट्र का एक राजा होता था, जो उसका मुखिया होता था, लेकिन धीरे-धीरे लोगों के मन में राजशाही की निरकुंशता के खिलाफ जागृति आई। औद्योगिक क्रांति और वैश्विक व्यापार ने सभी देशों में व्यापारिक समुदाय को बढ़ाने में योगदान दिया। स्वाभाविक रूप से शक्ति के नए केन्द्रों और स्थापित राजाओं और सामन्तों के बीच संघर्ष

शुरू हुआ। इस संघर्ष ने, 'लोकतंत्र' को अपना दार्शनिक आधार बनाया। यूनानी शहरों के गणतंत्रों में लोकतंत्र की उत्पत्ति को देखा जा सकता है। आम आदमी प्रत्येक नागरिक की समानता, बंधुत्व और स्वतंत्रता के ऊँचे आदर्शों की तरफ आकर्षित हुआ। फ्रांस खूनी क्रांति का गवाह बना।

इंग्लैंड में भी, समय-समय पर आंदोलन होते रहे। लोकतंत्र के विचार ने आम आदमी के दिमाग में जगह बना ली थी। राजशाही को या तो खत्म कर दिया गया या उनकी शक्तियों में बेहिसाब कटौती की गई और संवैधानिक सरकारों की स्थापना की गई। आज यूरोप में लोकतंत्र पहले से ही स्वीकार किया जा चुका है। यहां तक कि जिन लोगों ने लोकतंत्र को दबाया, वे भी इसकी निंदा नहीं करते। हिटलर, मुसोलिनी और स्टालिन जैसे तानाशाहों ने भी लोकतंत्र पर कुछ नहीं कहा।

लोकतंत्र में हर व्यक्ति को एक वोट का अधिकार मिला, लेकिन वास्तविक सत्ता उन लोगों के पास रही, जिन्होंने क्रांति का नेतृत्व किया। औद्योगिक क्रान्ति ने उत्पादन के नए तरीकों में भरोसा पैदा किया। घर पर काम करने की स्वतंत्रता की जगह कामगारों ने कारखाना मालिकों के आदेश पर कारखानों में काम करना शुरू कर दिया था, कामगार अपने गृहनगर को छोड़कर भीड़ भरे शहरों में रहने के लिए आए। वहां आवास की उचित व्यवस्था नहीं थी। कारखानों में कामगारों की रक्षा के लिए मुश्किल से ही कोई नियम थे। वे आर्थिक रूप से कमजोर होने के साथ ही अभी तक संगठित भी नहीं थे। वह शोषण, अन्याय और उत्पीड़न का शिकार बन गए। जिनके पास राजनैतिक सत्ता थी, वे लोग खुद उत्पीड़न करने वाले समूह में शामिल थे। इसलिए वहां स्थिति से बाहर आने की कोई उम्मीद नहीं थी।

बहुत से लोगों ने कामगारों की दशा सुधारने के लिए इस अन्याय के विरोध में आंदोलन किया। उन लोगों ने खुद को समाजवादी कहा। कार्लमार्क्स भी उनमें से ही एक था। इस अन्याय के खिलाफ आंदोलन की अगुवाई करने के प्रयास में, उसने पूरे इतिहास और स्वरूप का अध्ययन करके स्थिति को लेकर अपना विश्लेषण प्रस्तुत किया। उसने अपने सिद्धांतों को वैज्ञानिक आधार देने का दावा किया। बाद में आने वाले समाजवादी शायद मार्क्स से सहमत नहीं हों, लेकिन वे सभी उसके विचारों से बड़े पैमाने पर प्रभावित हुए।

मार्क्स के विश्लेषण-द्वंद्वात्मक भौतिकवाद के अनुसार, शोषण का मूल कारण, उत्पादन के साधनों के निजी स्वामित्व में निहित है। अगर इन साधनों को समाज की संपत्ति बना दिया जाए (मार्क्सवाद के लिए, समाज राज्य का पर्याय है) तो फिर आगे कोई शोषण नहीं होगा। लेकिन इससे पहले, राज्य को शोषकों के हाथों से छुड़ाना चाहिए और इस बात को निश्चित किया जाना चाहिए कि भविष्य में उनका प्रभाव नहीं रहे। इस दिशा में सर्वहारा की तानाशाही स्थापित की जानी चाहिए। लोग इस तानाशाही को स्वीकार करें, इसके लिए यह आदर्श स्थापित किया गया कि शोषक वर्ग के पूरी तरह से खात्मे के बाद और उसके पुनरुत्थान की बची संभावना में, राज्य एक वर्गविहीन, राज्यविहीन समाज के द्वारा प्रतिस्थापित किया जाएगा। मार्क्स ने यह दिखाने की कोशिश भी की कि पूंजीवाद में स्वयं के विनाश के बीज मौजूद हैं और समाजवाद अपरिहार्य है।

यूरोप के कुछ देशों में सामाजिक क्रांति हुई। यहां तक कि, वहां भी समाजवाद को स्वीकार नहीं किया गया, राजनेताओं को कामगारों के अधिकारों को स्वीकार करना पड़ा। 'कल्याणकारी राज्य' को आदर्श के रूप में स्वीकार किया गया। राष्ट्रवाद, लोकतंत्र, समाजवाद या समानता (समानता समाजवाद के मूल में मौजूद है; समानता समता से अलग है), इन तीन सिद्धांतों का यूरोप की सामाजिक राजनैतिक सोच पर प्रभुत्व रहा। इनके अलावा, वैश्विक शांति और वैश्विक एकता के आदर्श भी सामने आए। ये सभी अच्छे विचार हैं। ये मानव जाति की उच्च आकांक्षाओं को प्रतिबिंबित करते हैं। लेकिन अपने आप में हर सिद्धांत अधूरा है।

केवल इतना ही नहीं, व्यवहार में प्रत्येक सिद्धांत एक-दूसरे के विरुद्ध है। राष्ट्रवाद वैश्विक शांति के लिए खतरा उत्पन्न करता है। लोकतंत्र और पूंजीवाद शोषण को खुली छूट देने के लिए हाथ मिला लेते हैं। समाजवाद ने पूंजीवाद का स्थान लिया और लोकतंत्र और व्यक्तिगत स्वतंत्रता का विरोध भी इसके साथ आया। इसलिए वर्तमान में पश्चिम के सामने इन अच्छे आदर्शों में सामंजस्य स्थापित करने की चुनौती है। इस काम में वे अभी तक सफल नहीं हुए हैं। उन्होंने एक या दूसरे आदर्श पर जोर देते हुए कई तरह के समूह बनाए।

आखिर में समाजवाद उनके राष्ट्रवाद का औजार बन गया, जिसने वैश्विक शांति और एकता के लिए बड़ा खतरा पैदा कर दिया। हम पश्चिम से कुछ मार्गदर्शन ले सकते हैं, लेकिन तथ्य यह है कि उनके पास भी कोई ठोस सुझाव नहीं है। वे खुद दोराहे पर खड़े हैं और यह तय नहीं कर पा रहे कि क्या ठीक है। इस तरह की परिस्थिति में हम पश्चिम से मार्गदर्शन की उम्मीद नहीं कर सकते। इसके विपरीत हमें इस बात पर विचार करना चाहिए कि क्या विश्व की इस वर्तमान परिस्थिति में हम इस दुविधा को हल करने के लिए कुछ कर सकते हैं। विश्व की प्रगति को ध्यान में रखते हुए, क्या हम जानकारी के आम संग्रह में कुछ जोड़ सकते हैं?

इंग्लैंड ने राष्ट्रवाद और लोकतंत्र पर जोर दिया और इनके आधार पर उसके राजनैतिक–सामाजिक संस्थान खड़े किए, जबकि फ्रांस इसी चीज को नहीं अपना पाया। वहां, लोकतंत्र के कारण राजनैतिक अस्थिरता पैदा हुई। ब्रिटिश लेबर पार्टी लोकतंत्र और समाजवाद में सामंजस्य करना चाहती थी, लेकिन लोगों को इस बात पर संदेह था कि समाजवाद के ताकतवर होने पर लोकतंत्र बच पाएगा। इसलिए लेबर पार्टी समाजवाद का उतनी मजबूती से समर्थन नहीं करती, जितना कि मार्क्सवाद का सिद्धांत करता है। समाजवाद को बहुत कमजोर किए जाने पर, हिटलर और मुसोलिनी ने राष्ट्रवाद के साथ समाजवाद को अपनाया और लोकतंत्र को दफना दिया।

आखिर में समाजवाद उनके राष्ट्रवाद का औजार बन गया, जिसने वैश्विक शांति और एकता के लिए बड़ा खतरा पैदा कर दिया। हम पश्चिम से कुछ मार्गदर्शन ले सकते हैं, लेकिन तथ्य यह है कि उनके पास भी कोई ठोस सुझाव नहीं है। वे खुद दोराहे पर खड़े हैं और यह तय नहीं कर पा रहे कि क्या ठीक है। इस तरह की परिस्थिति में हम पश्चिम से मार्गदर्शन की उम्मीद नहीं कर सकते। इसके विपरीत हमें इस बात पर विचार करना चाहिए कि क्या विश्व की इस वर्तमान परिस्थिति में हम इस दुविधा को हल करने के लिए कुछ कर सकते हैं। विश्व की प्रगति को ध्यान में रखते हुए, क्या हम जानकारी के आम संग्रह में कुछ जोड़ सकते हैं?

विश्व समुदाय के सदस्य के रूप में, हमें अपनी जिम्मेदारियों का निर्वहन

करना चाहिए। अगर हमारे पास ऐसा कुछ है, जो विश्व की प्रगति में सहायक हो सकता है तो उसे विश्व के साथ बांटने में हमें संकोच नहीं करना चाहिए। मिलावट के इस युग में, विचारों में मिलावट की जगह इसके विपरीत जाकर हमें जहां भी संभव हो, उसकी जांच और उनको बेहतर बनाकर स्वीकार करना चाहिए। विश्व पर बोझ बनने की बजाए, अगर संभव हो तो हमें दुनिया की समस्याओं को सुलझाने की कोशिश करनी चाहिए।

हमें इस बात का भी ध्यान रखना चाहिए कि हमारी परम्परा और सभ्यता ने विश्व की संस्कृति को क्या योगदान दिया है।

नानाजी देशमुख ने दीनदयाल जी के एकात्म मानवतावाद के विचारों को अपने प्रयोग का रणक्षेत्र बनाया था। अपनी दृढ़ इच्छाशक्ति और उन्नत जीवन के दृष्टिकोण से 800 गांवों की तस्वीर बदलने में सफल हो सकते हैं, तो हमारे कार्यकर्ता इस देश का नक्शा ही बदल सकते हैं। वहीं नानाजी देशमुख ने पं. दीनदयाल उपाध्याय के एकात्म मानव दर्शन से प्रेरित होकर राजनीति से संन्यास लिया और लगन, परिश्रम से 800 गांवों की कायाकल्प कर दी। आजादी के बाद वैचारिक दिशा और नियोजन में दिशाहीनता का दुष्परिणाम देश भुगत रहा है। आज भी नरेन्द्र मोदी व उनकी पार्टी नानाजी की योजनाओं का अनुसरण कर देशहित में कार्यरत हैं। और वे अन्य कार्यकर्ताओं से भी यही उम्मीद करते हैं कि वे नानाजी देशमुख के कृतित्व और व्यक्तित्व का अध्ययन कर उनके आदर्शों को जीवन में उतारकर देश में सामाजिक, आर्थिक परिवर्तन को मूर्त रूप दें। पं. दीनदयाल ने जो एकात्म मानव दर्शन दिया, उसे नानाजी देशमुख ने जमीन पर उतारकर चरितार्थ कर दिखाया। आज की परिस्थिति में एकात्म मानववाद ही सकल व्याधियों से मुक्ति का समाधान है। डॉ. हेडगेवार ने गांवों की प्रगति, विकास का जो मार्ग दिया, उसे पं. दीनदयाल ने एकात्म मानववाद के रूप में बदल दिया। भारतीय परिस्थितियों के अनुकूल एकात्म मानव दर्शन किस तरह बदलाव ला सकता है, यह नानाजी देशमुख ने प्रमाणित कर दिखाया। उन्होंने राजनीति को सही दिशा दी। नानाजी की अनुभूतियों का अनुसरण हमारे संस्कार संकल्प संवारे जाना चाहिए। आजादी के बाद नारे, वादे, घोषणाएं खूब हुईं, लेकिन उससे दुःख, भ्रष्टाचार, गरीबी बढ़ती गयी है। कुछ मॉल, टॉवर बन जाना-भर देश की प्रगति का प्रतीक नहीं है। योजना आयोग द्वारा गरीबी

के सर्वेक्षण के लिए गठित की गई पांच समितियों से दुखद, निराशाजनक, अप्रिय नतीजे मिले हैं। जाहिर है कि देश में योजना विकास की दिशा गलत रही है। हमें ग्रामोन्मुखी विकास का जो ढांचा नानाजी ने बताया था, उसे अपनाना होगा। 'हम आधुनिकीकरण के पक्षधर हैं, लेकिन पाश्चात्य प्रणाली का अंधानुकरण घातक है। हमारा देश उसकी संस्कृति, परिस्थिति सब अलग है। गांवों से शहर की ओर पलायन रोकना जरूरी है।'

हमें समाज को बदलने के लिए राजनीति को माध्यम बनाना है, राजनीति उपभोग की नहीं, सेवा का माध्यम है। राजनीति का लोकनीतिकरण करें अर्थात राजनीति को लोकनीति में परिवर्तित किया जाना चाहिए। जिससे लोगों का कल्याण हो। उन्हें सुख-सुविधा से लाभान्वित किया जा सके। देशमुख के अनुकरणीय योगदान के प्रति सच्ची श्रद्धांजलि तभी हो सकती है, जब उनके विचारों के माध्यम से ग्रामों को स्वावलंबी बनाने, उन्हें विकासोन्मुखी गतिविधियों का केंद्र बनाने के लिए आगे आया जाए। दीनदयाल जी के विचारों को, उनके एकात्म मानवतावाद को नानाजी ने अपने जीवन और सामाजिक विकास के लिए जरूरी माना था। आज भी उनके जैसे अनेक लोगों की भारत माता को जरूरत है।

चित्रकूट का कायाकल्प

चित्रकूट ऐसी जगह है, जिसके बारे में हम भारत के ऐतिहासिक ग्रंथों में भी पढ़ते हैं। इसे पुरुषोत्तम श्री राम की शरणस्थली भी कहा जाता है। जिसके बारे में तुलसी बाबा ने भी बहुत कुछ लिखा है। ऐसे चित्रकूट को वास्तव में 'चित्रकूट' बनाने के लिए 'राष्ट्रऋषि नानाजी देशमुख' का योगदान उल्लेखनीय है। तुलसीदास जी की प्रेरणास्थली चित्रकूट, भारतीय संस्कृति एवं आध्यात्मिक जगत का आदिस्थल है।

इनका कार्य करने का तरीका इतना प्रेरणादायी है कि पूरे देश को सीखना चाहिए। ग्रामोदय से राष्ट्रोदय के अभिनव प्रयोग के लिए नानाजी ने 1996 में स्नातक युवा दंपतियों से पांच वर्ष का समय देने का आह्वान किया। इस योजना के तहत पति-पत्नी दोनों कम-से-कम स्नातक हों, जिनकी आयु 35 वर्ष से कम हो तथा उनके बच्चे भी दो से अधिक न हों।

नानाजी देशमुख द्वारा ऐसा आह्वान किए जाने पर दूर-दूर के प्रदेशों से प्रतिवर्ष ऐसे दंपती चित्रकूट पहुंचने लगे। चुने गये दंपतियों को 15-20 दिन का प्रशिक्षण दिया गया। प्रशिक्षण के दौरान नानाजी का मार्गदर्शन मिलता रहा। नानाजी उन्हें प्रोत्साहित करने के लिए कहते थे- 'राजा की बेटी सीता उस समय की परिस्थितियों में इस क्षेत्र में 11 वर्ष तक रह सकती हैं, तो आज इतने प्रकार के संसाधनों के सहारे तुम लोग पांच वर्ष क्यों नहीं रह सकतीं?' इस कथन से पता चलता है कि नानाजी में सिर्फ विलक्षण संगठनात्मक शक्ति ही नहीं थी, बल्कि संगठन को उत्साहवर्धक बनाए रखने का गुर भी उनमें था। इस तरह के स्फूर्तिदायक वचनों ने वहां की जनता में उत्साह का संचार बनाए रखा और आज जो चित्रकूट है, वह सबके सामने है, इसी तरह गोंडा भी। गोंडा उस समय देश का सबसे पिछड़ा हुआ क्षेत्र था।

पहाड़ों से घिरे चित्रकूट को नानाजी देशमुख ने कर्मस्थल बनाया। उन्होंने सक्रिय राजनीति से संन्यास लेकर स्वयं को ग्राम विकास के लिए समर्पित किया, उत्तर प्रदेश के गोंडा जिले में रचनात्मक प्रयोग के तहत प्रकल्प का नाम रखा- गोंडा ग्रामोदय प्रकल्प। ग्रामोत्थान के इस प्रयोग से ग्राम फलीभूत होने लगे। सर्वप्रथम कृषि में किए जाने वाले सुधारों से चमत्कारिक काम देशभर में चर्चा का विषय बन गया। 10-12 वर्षों में ही गोण्डा जैसे पिछड़े जिले की जैसे कायापलट ही हो गयी। इसके बाद नानाजी ने चित्रकूट को अपना कार्यक्षेत्र बनाया। नानाजी का योगदान सिर्फ वहां के निवासियों द्वारा ही नहीं बल्कि राजनीति में सक्रिय नेताओं द्वारा भी याद किया जाता है। यह ऐसा क्षेत्र था, जहां यदि नानाजी ने ग्रामोत्थान करने की न ठानी होती तो शायद वह आज भी उसी स्थिति में होता, जैसा पहले था। वर्तमान में चित्रकूट के चारों ओर चित्रित होती नवरचना 'दीनदयाल शोध संस्थान अपने लिए नहीं अपनों के लिए है, अपने वे हैं जो पीड़ित और उपेक्षित हैं', इस उद्देश्य को आधार मानकर काम कर रही है। 26 वर्षों की मेहनत के बाद जिन क्षेत्रों में नानाजी की प्रेरणा से काम शुरू हुआ, उनसे जुड़े सैकड़ों लोगों के जीवन में भी बदलाव दिख रहा है।

चित्रकूट जिले के अर्जुनपुर गांव में विद्यालय खोला गया। इसके खुल जाने से न सिर्फ अर्जुनपुर बल्कि आसपास के अन्य गांवों में भी पढ़ाई का माहौल बन गया। कई बच्चों ने दाखिला लेकर पढ़ना शुरू कर दिया।

मर्यादा पुरुषोत्तम भगवान राम की शरणस्थली, लोकनायक तुलसी की प्रेरणास्थली चित्रकूट, भारतीय संस्कृति एवं आध्यात्मिक जगत का आदिस्थल नानाजी देशमुख का कर्मस्थल बन गया। इसका अधिकांश भाग जिला सतना के अंतर्गत आता है। दीनदयाल शोध संस्थान ने नवरचना के लिए कुछ गांवों का चयन किया। यहां अधिकांश गांव बहुत पिछड़े हुए थे। सड़क, बिजली तो दूर, शिक्षा और चिकित्सा जैसी मूलभूत आवश्यकताओं का भी अभाव था। दीनदयाल शोध संस्थान ने नानाजी के मार्गदर्शन में सन् 2009 तक सभी 500 गांवों को स्वावलम्बी बनाने का पांच सूत्रीय लक्ष्य रखा - (1) कोई बेकार न रहे (2) कोई गरीब न रहे (3) कोई बीमार न रहे (4) कोई अशिक्षित न रहे (5) हरा-भरा और विवादमुक्त गांव हो। ग्राम विकास की

इस नवरचना का आधार है समाजशिल्पी दंपती, जो अपने आप में मिसाल है। गांव में रहकर इस पांच सूत्रीय लक्ष्य की प्राप्ति के लिए काम करते रहे।

नानाजी देशमुख के कार्यों से न सिर्फ देशी बल्कि विदेशी भी प्रभावित हुए। जापान निवासी एरी कुकेता, ऑक्सफोर्ड विश्वविद्यालय (इंग्लैण्ड) की शोध छात्रा अगस्त, 2001 में, मूलत: सतना जिले के वनवासी गांव पटना कलां पहुंची। एरी कुकेता का भाषा, खान-पान, रहन-सहन सब अलग था, फिर भी सभी प्रकार की कठिनाइयों के बावजूद वह अपने 'मिशन' के लिए तीन दिन तक रात-दिन गांव वालों में रमी रहीं। उनसे मिली-जुली, उनका खानपान, रहन-सहन खूबियों और कमियों को महसूस किया। साथ ही दीनदयाल शोध संस्थान के कार्यों का भी अध्ययन किया। इस अध्ययन के बाद उन्हें कामों ने ही प्रभावित किया। और चित्रकूट से लौटते वक्त उन्होंने नानाजी के काम को विश्व के लिए अनुकरणीय बताया। इसी गांव में कुछ समय बाद भारतीय प्रशासनिक सेवा के प्रशिक्षणार्थी आये, जिन्होंने 10 दिन तक यहां रहकर वनवासी जीवन का अध्ययन किया। उन्हें जाना-समझा।

उस समय पटना कलां गांव में समाज के निर्माता समाज शिल्पी दंपती महेन्द्र नामदेव व शशिकिरण को पांच वर्ष हो गए थे। एक बार एक बीमार वनवासी महिला को खून की आवश्यकता पड़ी। उसके परिवार व गांव में रक्तदान करने वाला कोई नहीं मिला तो संस्थान में सेवारत शशिकिरण ने अपना खून देकर उसकी जान बचाई। इसे कहते हैं असली सेवा। यहां मानवीय रिश्तों ने खून के रिश्तों को भी पीछे छोड़ दिया है। इस संस्थान चित्रकूट क्षेत्र में भारतीय कृषि अनुसंधान परिषद् के दो कृषि विज्ञान केन्द्रों का भी संचालन किया जा रहा है। देश के अधिकांश जिलों में कृषि विज्ञान केन्द्र हैं, प्रत्येक जिले में एक केन्द्र का प्रावधान है।

हमारे देश भारत में 15 से 35 वर्ष के युवाओं की संख्या 40 करोड़ के लगभग है। रोजगार उपलब्ध न होने के कारण सर्वाधिक दुर्दशा बेरोजगार ग्रामीण युवकों की है। देश की इस सबसे बड़ी समस्या को हल करने का मार्ग दिखाया दीनदयाल शोध संस्थान के चित्रकूट में स्थापित 'उद्यमिता विद्यापीठ' ने। स्वरोजगार अभियान के तहत गांव-गांव जाकर उद्यमिता की प्रमुख नंदिता पाठक ने बेरोजगारों से सम्पर्क किया। उन्हें स्वरोजगार के

विभिन्न तरीकों तथा प्रकारों से परिचित कराया। उनसे होने वाले लाभ के बारे में बताया। दीनदयाल शोध संस्थान का काम और नानाजी देशमुख का नाम मीडिया में नहीं, लेकिन लोगों के दिलों में है। इनके पीछे कर्मशीलता की असाधारण तपस्या दिखाई देती है। 10-12 वर्षों में नानाजी के नाम और दीनदयाल शोध संस्थान के काम को जो ख्याति मिली है, उसे शब्दों में नहीं बांधा जा सकता। वह असीमित व असामान्य है।

नानाजी देशमुख कर्म में विश्वास करते थे। इसीलिए उन्होंने अपने विचारों को जमीन पर उतारने के लिए चित्रकूट को अपनी कर्मभूमि बनाया। आज उनका यह प्रयोग काफी सफल रहा, जिसका अध्ययन करने के लिए देश-विदेश से शोधार्थी आते हैं।

नानाजी और डॉ. कलाम

नानाजी देशमुख से मिलकर डॉ. कलाम को रामेश्वर में बीता अपना बचपन याद आ गया। नानाजी देशमुख द्वारा लोगों की परेशानियों को हल करते देखकर उन्हें अपने पिता व माताजी की याद आ गई कि इसी प्रकार उनके पिता अपने आसपास रहने वाले ग्रामवासियों की समस्याओं को सुलझाते थे और उनकी माताजी मुसलमान महिलाओं की परेशानियां सुनती थीं। पूर्व प्रधानमंत्री अटल बिहारी वाजपेयी ने नानाजी को आधुनिक ऋषि बताया था, तो पूर्व राष्ट्रपति ए.पी.जे. अब्दुल कलाम भी उनके कृतित्व से प्रभावित हुए बिना नहीं रह सके।

नानाजी देशमुख सिर्फ एक नेता ही नहीं बल्कि बड़े समाजसेवी भी थे।

नानाजी देशमुख पूर्व में राष्ट्रीय स्वयंसेवक संघ के प्रचारक और भारतीय जनसंघ के नेता भी थे। उन्हें साल 1977 में जनता पार्टी की सरकार के मंत्री मंडल में शामिल किया गया, लेकिन उन्हें यह स्वीकार नहीं था, उन्होंने यह कहकर पद ठुकरा दिया कि 60 वर्ष से अधिक आयु के लोगों को सरकार से बाहर रहकर समाज सेवा करनी चाहिए।

इसके बाद उन्होंने मध्य प्रदेश के सतना जिले और उत्तर प्रदेश के चित्रकूट जनपद के 500 से भी अधिक गांवों में गरीबी, अशिक्षा, बेराजगारी को खत्म करने का संकल्प किया। दीनदयाल शोध संस्थान का बैनर और कार्य करने वाले नानाजी देशमुख ने इन गांवों में स्वावलम्बन के साथ ही शिक्षा, रोजगार, स्वास्थ्य और विकास कर दिखाया था।

इसके बाद ही अटल बिहारी वाजपेयी सरकार ने उन्हें राज्यसभा का सदस्य मनोनीत किया था। वाजपेयी सरकार के कार्यकाल में ही भारत सरकार ने उन्हें शिक्षा, स्वास्थ्य व ग्रामीण स्वावलम्बन के क्षेत्र में अनुकरणीय योगदान के लिये पद्म पुरस्कार से सम्मानित किया था।

साल 2005 में तो कलाम चित्रकूट आए तो उनका समाजसेवी नानाजी देशमुख आश्रम में भी आना हुआ, यहां आकर पूर्व राष्ट्रपति डॉ. कलाम भावुक हो गए। वे प्रोटोकॉल तोड़कर सामान्य नागरिकों के साथ पंगत में बैठकर महिला सरपंचों के साथ भोजन करने लगे। क्योंकि उन्हें अपने बचपन की याद आ गई थी।

जबकि राष्ट्रपति होने के नाते उनकी भोजन व्यवस्था अलग थी। राष्ट्रपति ए.पी.जे. कलाम ने आश्रम के आसपास के गांवों की मुकदमेबाजी से मुक्त व्यवस्था देखी तो कहा कि यहां के तौर-तरीकों को देखकर मुझे रामेश्वरम् में बिताए अपने बचपन की याद आ जाती है।

उन्होंने कहा- 'जब हर दिन नमाज के बाद मेरे पिताजी के पास 10-20 परिवार अपने घर और जमीन की समस्याएं लेकर आते थे। दो-तीन दिन में उन सबको मेरे पिताजी उनकी समस्याओं के बारे में सुझाव व निदान बताया करते थे।

हर शुक्रवार को मेरी मां भी मुस्लिम महिलाओं की समस्याएं सुनती थीं और उन्हें निपटाने में मदद करती थीं। मेरे बड़े भाई पंचायती अदालत के प्रमुख थे, लेकिन 70 के दशक के बाद मानवीय स्पर्श से गुंथी ये व्यवस्थाएं खत्म हो गईं और अब ज्यादातर झगड़े अदालतों में जाते हैं। इस परिदृश्य में चित्रकूट के आसपास के 80 गांवों का झगड़े-मुकदमेबाजी से मुक्त होना एक आदर्श उदाहरण है।'

नानाजी देशमुख कुशल संगठक थेः लालकृष्ण आडवाणी

> आज हम क्या देख रहे हैं, वर्तमान सरकार नानाजी के तमाम उन विचारों की रोशनी में नित नई योजनाएं बना रही है। हम आशा करते हैं कि नानाजी के दिखाए सपने और एक कुशल संगठन कर्ता नीतियों को जन-जन तक पहुंचाएं।

नानाजी देशमुख में विलक्षण संगठनात्मक शक्ति थी। इस बात की चर्चा करते हुए पूर्व उप प्रधानमंत्री श्री लालकृष्ण आडवाणी ने कहा है कि नानाजी देशमुख असाधारण व्यक्तित्व के धनी, राष्ट्रवादी चिंतक और कुशल संगठक थे। यह खूबी उनके व्यक्तित्व में थी, जो सदैव हमारे लिए प्रेरणा-स्रोत के रूप में काम करती रहेगी। श्री आडवाणी ग्वालियर में आई.टी.एम. यूनिवर्सिटी में नव-निर्मित नानाजी देशमुख स्मृति-सभागार के लोकार्पण समारोह में बोल रहे थे, नानाजी देशमुख के सिद्धांतों को सभी लोगों ने अपना आदर्श माना है। श्री आडवाणी ने कहा कि नानाजी देशमुख ने पूरा जीवन आम लोगों के कल्याण में लगा दिया और मेरे जीवन पर नानाजी का बहुत प्रभाव रहा है। मैं उनके विचारों का अनुकरणीय हूं। सभागार का नाम नानाजी देशमुख के नाम पर रखे जाने पर लालकृष्ण आडवाणी ने खुशी जताई और विश्वविद्यालय के प्रबंधन को बधाई दी। पं. दीनदयाल उपाध्याय के कथन को 'दरिद्र ही तुम्हारा नारायण है' तथा नानाजी देशमुख के आदर्श वाक्य 'अपने लिये नहीं अपनों के लिये जियो' को लेकर चलने की आवश्यकता है। इन्हीं सूत्रों को अपनाकर किसी भी सरकार को काम करना चाहिए। आडवाणी जी ने एक स्थान पर कहा था कि नानाजी देशमुख जी ने आरएसएस और

भारतीय राजनीति में सक्रिय रूप से भाग लिया। आज वे हमारे साथ नहीं हैं। लेकिन उन्होंने पूरे देश को अपनी सेवा से प्रभावित किया है। मैं कह सकता हूं कि वे हमारे महान नेताओं में से एक थे, जिन्होंने हमारे स्वतंत्रता संग्राम में भाग लिया।

देश का कोई भी ऐसा व्यक्ति या राजनेता नहीं होगा, जो नानाजी देशमुख के विचारों से प्रभावित नहीं हुआ होगा।

आज हम क्या देख रहे हैं। वर्तमान सरकार नानाजी के तमाम उन विचारों की रोशनी में नित नई योजनाएं बना रही है। हम आशा करते हैं कि नानाजी के दिखाए सपने और एक कुशल संगठन कर्ता नीतियों को जन-जन तक पहुंचाएं।

गांधी के सिद्धांत और नानाजी

ग्राम स्वराज्य संकल्पना गांधी जी ने अपने सामाजिक दर्शन और विचारों में जगह-जगह की है। उनके बाद यदि किसी अन्य व्यक्ति का नाम लिया जा सकता है, तो वे थे नानाजी देशमुख।

नानाजी देशमुख ने न सिर्फ गांधी जी के विचारों को आत्मसात किया, बल्कि ग्रामीण जीवन को पूरी तरह से बदलने में आजीवन जुटे रहे।

संत-महात्माओं से जुड़ी चित्रकूट की धरती की पवित्रता और ख्याति राम के आगमन से हुई थी। हम में से ज्यादातर लोग रामचरित मानस पढ़कर चित्रकूट से परिचित होते हैं। राम ने माता जानकी और लक्ष्मण जी के साथ वनवास के करीब साढ़े 11 साल यहीं गुजारे थे। प्रभु राम के दर्शन और कर्तव्यों के माध्यम से जीवन जीने का मार्ग दिखाने वाली गोस्वामी तुलसी दास द्वारा रचित रामचरित मानस का इतिहास भी इस क्षेत्र से जुड़ा है। आदिकवि महर्षि बाल्मीकि, जिन्होंने प्रभु राम एवं उनके संपूर्ण जीवन एवं घटनाओं को रामायण में पहले ही लिपिबद्ध कर दिया था, का भी जुड़ाव इसी क्षेत्र से है।

इससे पता चलता है चित्रकूट ऐतिहासिक दृष्टि से तो संपन्न था, किन्तु विकास से बहुत दूर था। तभी 101 साल वर्ष पहले जन्मे नानाजी देशमुख नाम से प्रचलित चंडिकादास अमृतराव देशमुख ने चित्रकूट की धरती पर कदम रखते ही इसका उद्धार करने की ठान ली थी। नानाजी पहले सामाजिक कार्यकर्ता, देशसेवक, स्वप्नदृष्टा थे, जिन्होंने चित्रकूट की तस्वीर बदलने की ठानी थी। नानाजी द्वारा समाज के वंचित और शोषित वर्गों को शिक्षा से जोड़ने की वर्षों पहले हुई पहल आज उत्कृष्ट उदाहरण बनकर सामने आई

है। वर्तमान नेता उन्हें अपना आदर्श मान रहे हैं अर्थात तब रखी गई नींव आज भव्य इमारत का रूप धारण कर चुकी है।

प्रसिद्ध समाजसेवी नानाजी देशमुख ने महात्मा गांधी चित्रकूट ग्रामोदय विश्वविद्यालय की संकल्पना की थी और जीवन पर्यंत उसके लिए काम भी किया और आज भी नानाजी की उस संकल्पना को दीनदयाल शोध संस्थान आगे बढ़ा रहा है। यह संयोग की बात है कि वर्ष 2017 में शरद पूर्णिमा और 11 अक्टूबर एक सप्ताह के अंदर ही आये। जबकि अधिकतर शरद पूर्णिमा नवंबर में होती है। नानाजी के दर्शन से प्रभावित चित्रकूट जन और संस्थाओं द्वारा नानाजी के 101वें जन्मदिन को साप्ताहिक समारोह (शरद पूर्णिमा, 5 अक्टूबर से 11 अक्टूबर, 2017) के रूप में मनाया गया था।

1991 में मध्य प्रदेश के मुख्यमंत्री सुन्दरलाल पटवा ने ग्रामोदय विश्वविद्यालय की आधारशिला रखते हुए कहा था कि नानाजी के वैचारिक मंथन के बाद तैयार चंदन का तिलक उन्हीं को समर्पित करता हूं। सुन्दरलाल पटवा जी के इस वाक्य में बहुत गहराई है। उन्होंने बात-ही-बात में नानाजी के शैक्षिक प्रयासों को सम्मानित किया है। पटवा जी ने नानाजी को देश के प्रथम ग्रामीण विश्वविद्यालय का कुलाधिपति नियुक्त किया। नानाजी के सामाजिक अनुभवों, नवाचारों और अभिप्रेरणाओं से आज चित्रकूट का अभूतपूर्व विकास हुआ है। नानाजी पूरे चित्रकूट क्षेत्र के आदिवासियों, ग्रामवासियों एवं वंचित, शोषित वर्गों को अपना परिवार समझते थे।

नानाजी का नाम व कार्य आज भी जीवंत है। ग्रामोदय संकल्पना के शाश्वत प्रेरणास्रोत महात्मा गांधी को मानते थे नानाजी। इसके आधार पर ही विश्वविद्यालय का नाम महात्मा गांधी चित्रकूट ग्रामोदय विश्वविद्यालय रखने का संकल्प लिया। जब विश्वविद्यालय स्थापित किया गया, तब न इसका भवन था, न कोई बिल्डिंग। चित्रकूट के संतों, महात्माओं एवं स्वयंसेवी उदार व्यक्तियों ने मंदिर, मठ, धर्मशालाओं और रिहायशी कमरों को विश्वविद्यालय के लिए खोल दिया था। देशभर के सेवानिवृत्त विद्वान प्रोफेसर सेवाभाव के साथ नानाजी के साथ जुड़ गए थे।

वे वेतन पाने के लिए नहीं बल्कि समाज सेवा मानकर कार्य कर रहे

थे। प्रथम कुलपति के रूप में इंजीनियर प्रो. राजनारायण कपूर ने वैधानिक कारणों से मात्र एक रुपये वेतन लेकर कार्य शुरू किया। ग्रामोदय विश्वविद्यालय ने सरकारी सहायता न लेकर जन सहभागिता से स्थानीय संसाधन का बेहतर उपयोग करते हुए स्वावलंबन द्वारा अपने को प्रतिष्ठित किया। वर्तमान के साथ भविष्य को भी लेकर चल रहे थे, अतः नानाजी की इच्छा थी कि इस विश्वविद्यालय में पढ़ने वाला छात्र केवल डिग्री लेकर नौकरी करने वाला युवा न बने बल्कि स्वयं रोजगार पैदा करने वाला हो, जो अपने साथ अपने जैसे अन्य कई लोगों को रोजगार उपलब्ध करा सके।

असल में गांधी जी के सपनों का भारत ही नानाजी का असली सपना था। वे भी गांधी जी की तरह ही मानते थे कि गांवों की प्रगति के बिना भारत का विकास सम्भव नहीं है।

नानाजी और पाठ्यक्रम

नानाजी देशमुख अपने जीवन में जिन विचारों को लेकर समाज में गये, उन्हीं विचारों को जमीन पर उतारने का सफल प्रयास भी किया, जिसका जीता-जागता उदाहरण चित्रकूट की भूमि है।

आज देश बेरोजगारी की मार झेल रहा है। जबकि इस देश में सबसे ज्यादा युवा वर्ग मौजूद है। उसके हाथ खाली हैं। ऐसे कठिन समय में नानाजी की नीतियां और विचार बेरोजगारी को दूर करने में सक्षम नजर आते हैं।

नानाजी देशमुख देश के शुभचिंतक होने के साथ ही दूरदृष्टा भी थे। नानाजी ने ग्रामीण क्षेत्र में शिक्षा, स्वास्थ्य और स्वरोजगार का सूत्रपात किया था। ग्रामोदय विश्वविद्यालय के कुलपति नरेशचंद्र गौतम बताते हैं कि जिस प्रकार की शिक्षा की शुरुआत नानाजी ने की थी, वही शिक्षा मॉडल आज दुनिया अपना रही है। नानाजी ने कौशल के माध्यम से रोजगार देने वाली शिक्षा प्रणाली शुरू की थी। आज हमारे देश के प्रधानमंत्री नरेन्द्र मोदी भी इस शिक्षा प्रणाली के पक्ष में हैं। देश में विभिन्न प्रकार के कौशलों को प्रोत्साहित करने के लिए मोदी सरकार लगातार कार्यरत है। नानाजी ने कृषि को उद्योग से जोड़ने के लिए चित्रकूट व उसके आस-पास के 500 गांव चुने, वहां पर ग्रामीण विकास का वातावरण बनाया। यही नहीं महात्मा गांधी चित्रकूट ग्रामोदय विश्वविद्यालय नानाजी देशमुख द्वारा स्थापित किया गया था और उसके कुलपति प्रो. नरेशचंद्र गौतम पूरी तरह से उनके संकल्पों के प्रति समर्पित हैं तथा नानाजी के द्वारा व्यक्त किये गये विचारों के आधार पर ग्रामोदय विश्वविद्यालय को अंतरराष्ट्रीय शिक्षा जगत में पहचान दिलाने के लिए लगातार काम कर रहे हैं। प्रो. गौतम का मानना है कि नानाजी के

विचारों और प्रेरणाओं से ही मैं ग्रामोदय विश्वविद्यालय को प्रगति की ओर ले जा रहा हूं। विश्वविद्यालय के चहुंमुखी विकास को देखते हुए प्रथम बार में ही नैक द्वारा ए ग्रेड की मान्यता देना गर्व की बात है। विश्वविद्यालय परिसर में अनेक संकाय भवनों का निर्माण किया गया, शिक्षक कर्मचारी कल्याण की योजनाओं का क्रियान्वयन, गुणवत्ता पूर्ण पाठयक्रमों का संचालन तथा यू.जी.सी. द्वारा पाठयक्रमों को मान्यता आदि मिल जाना, नानाजी की प्रतिबद्धता को दर्शाता है। यही कारण है कि ग्रामोदय विश्वविद्यालय को केन्द्र और राज्य सरकार का सम्पूर्ण सहयोग मिल रहा है। मुख्यमंत्री सामुदायिक नेतृत्व क्षमता विकास कार्यक्रम के माध्यम से प्रदेश के युवाओं को सामाजिक नेतृत्व की शिक्षा संबंधी कार्य संपादित कराया जा रहा है। जिससे युवा वर्ग सामाजिक विकास में अपना योगदान दे सके। यह कार्य मध्य प्रदेश के मुख्यमंत्री शिवराज सिंह चौहान द्वारा किया जा रहा है। चित्रकूट ग्रामोदय विश्वविद्यालय पूरे मध्य प्रदेश का पहला और एकमात्र ग्रामीण विश्वविद्यालय है। नरेशचंद्र गौतम के नवीन एवं आधुनिक प्रयासों के तहत यहां पर वीडियो कांफ्रेंसिंग से पूरे मध्य प्रदेश में शिक्षा प्रदान की जा रही है। इसके अतिरिक्त प्रदेश के हर जिले से बीएसडब्ल्यू (समाजसेवा में स्नातक) के लिए प्रतिवर्ष 40 छात्रों को चुना जाता है। अक्टूबर माह में नानाजी देशमुख जैसे महापुरुष के व्यक्तित्व और उनके कृतित्व पर चिन्तन कार्यक्रम प्रमुखता से संपन्न किया जा रहा है। महामहिम राज्यपाल एवं मध्य प्रदेश के विश्वविद्यालयों के कुलाधिपति ओम प्रकाश कोहली द्वारा 8 नवम्बर, 2017 को चित्रकूट में विश्वविद्यालय परिसर में प्रबंध मण्डल की बैठक और दीक्षांत समारोह करने की अनुमति प्रदान कर आयोजन किया गया। नानाजी विश्वविद्यालय के संस्थापक थे, इसलिए उनकी कुछ इच्छा थी कि चित्रकूट में ही ग्रामोदय विश्वविद्यालय की बैठक हो। ताकि प्रदेश सरकार के प्रमुख अधिकारी और महामहिम राज्यपाल स्वयं और अन्य प्रमुख अतिथिगण उपस्थित हों, ताकि चित्रकूट और ग्रामोदय विश्वविद्यालय को प्रत्यक्ष रूप से देख सकें तथा विकास का नवीन और अपेक्षित मार्ग प्रशस्त हो। वर्तमान कुलपति प्रो. गौतम ने बताया कि दीनदयाल शोध संस्थान का इस विश्वविद्यालय के विकास में

पूरा सहयोग प्राप्त है। अनेक अवसरों पर उनके प्रयासों से प्रेरित हो ग्राम्य भ्रमण एवं ग्राम्य प्रवास निरीक्षण हेतु जाना पड़ता है। सभी लोग यही कहते हैं कि हमारे नानाजी के विश्वविद्यालय के आप कुलपति हैं, हमें आपसे पूरा लगाव है।

कुलपति प्रो. नरेशचंद्र गौतम तन-मन-धन से नानाजी के अधूरे कार्यों को पूरा करने के साथ विश्वविद्यालय को प्रगति की ओर ले जा रहे हैं। यही कारण है कि आज उनका नाम तथा व्यक्तित्व लोकप्रिय है।

यदि हमें देश का विकास करना है, तो आज हमें किसी भी रूप में ग्रामीण विकास मॉडल को अपनाना ही पड़ेगा। नानाजी देशमुख हमारे आदर्श पुरुष हैं, यदि उनकी कुछ ही शिक्षाओं पर अमल कर लिया गया तो देश की काया ही बदल सकती है।

ग्रामीण विकास का मॉडल और नानाजी

नानाजी का समर्पण और परिश्रम सराहनीय है। इसी का परिणाम ग्रामोदय विश्वविद्यालय है। अभय महाजन दीनदयाल शोध संस्थान के संगठन सचिव हैं। प्रत्यक्ष रूप से देखा जा सकता है कि चित्रकूट के विकास के लिए अभय महाजन दीनदयाल शोध संस्थान के माध्यम से काफी प्रयास कर रहे हैं। महाजन जी ने बताया कि चित्रकूट की समस्त विकास संस्थाओं ने एकत्रित होकर अंतरराष्ट्रीय योग दिवस का प्रथम एवं द्वितीय सामूहिक आयोजन ग्रामोदय विश्वविद्यालय परिसर में संपन्न किया। नानाजी विकास पुरुष थे। वे ग्रामोदय विश्वविद्यालय की स्थापना कर चित्रकूट के निवासियों के लिए कार्य करना चाहते थे। चित्रकूट क्षेत्र में ग्रामीण विकास का कार्य एक मॉडल है। देश के अन्य हिस्सों में भी नानाजी ने विकास कार्य किये हैं। एकात्म मानव दर्शन के शिल्पकार नानाजी देशमुख का विकास दर्शन वास्तविक एकात्म है, वह सभी के लिए एक जैसा है, वह किसी धर्म, जाति, लिंग से भेद नहीं करता है। नानाजी की सदैव इच्छा रही है कि समाज के अंतिम और निचले व्यक्ति को विकास का पूरा लाभ मिले, यदि वह वंचित रहा तो समाज का ढांचा चरमरा जायेगा। सामाजिक परिवर्तन में विकास कार्यों की भूमिका विशिष्ट होती है, विकास ही वह माध्यम है, जो शिक्षित, सभ्य, समर्थ हो सकता है। यह नानाजी के कथन या लेखन से नहीं बल्कि विचारों से स्वतः स्पष्ट होता है।

ग्रामोदय विश्वविद्यालय के सह प्राध्यापक डॉ. वीरेंद्र व्यास नानाजी से प्रभावित हो बताते हैं कि नानाजी देशमुख जी की सोच साधारण नहीं बल्कि

उच्च कोटि की सोच थी 'मैं अपने लिए नहीं, अपनों के लिए हूं, अपने वे हैं जो पीड़ित और उपेक्षित हैं।' नानाजी ने विवाह नहीं किया, लेकिन उन्हें अन्य समाजसेवियों या राजनीतिज्ञों की भांति देश में कहीं भी होटल, लॉज, धर्मशाला या सर्किट हाउस में नहीं रुकना पड़ता था। उनके अनुसार सब जगह उनके परिवार हैं और उन्हीं में वे रहना पसंद करते थे। नानाजी सच्चे समाजसेवी थे। उनमें सेवार्थ नहीं बल्कि त्याग भावना की प्रधानता थी। पटना में जब जे.पी. को लाठी लगी तो उसे पहले अपने ऊपर झेलने वाले नानाजी देशमुख ही थे। उस दिन जे.पी. की जितनी फोटो थीं, सभी में नानाजी कहीं-न-कहीं दिखते हैं, क्योंकि वे जेपी को अकेला छोड़ने को तैयार ही नहीं थे। मोरारजी ने जनता पार्टी के जनसंघ घटक के सदस्यों के कार्यों को देखते हुए जिन तीन लोगों को मंत्री बनाने का ऐलान किया, उनमें एक नानाजी भी थे। प्रभाष जोशी ने अपने लेख 'चित्रकूट के घाट पर' में लिखा है कि नानाजी को उद्योग मंत्री बनाया जाना था, लेकिन वे इस बात के लिए राजी नहीं हुए और मंत्री पद स्वीकार नहीं किया। देश की एक धारा के दो किनारों को जोड़ने वाले जे.पी. थे और उनके सहयोगियों में एक पुल का काम करने वाले नानाजी देशमुख थे। जनता सरकार बनने के बाद सरकार के बजाय नानाजी जे.पी. के साथ थे। फिर सालभर बाद राजनीति से संन्यास लेकर रचनात्मक कार्यों में लगने की घोषणा की और उत्तर प्रदेश के गोंडा जिले में समाज सेवा करने लगे। वहां जयप्रभा ग्राम चल रहा है। दिल्ली में उन्होंने अपने मित्र दीनदयाल उपाध्याय के नाम पर एक शोध संस्थान बनाया, जो देशभर में काम करता है। चित्रकूट में स्थापित ग्रामोदय विश्वविद्यालय भी गांधी जी के ग्राम स्वराज्य की कल्पना को साकार करने का प्रयोग है। चित्रकूट में ही रामनाथ गोयनका की याद में उन्होंने एक संस्थान खड़ा किया, जिसमें आधुनिक व पारंपरिक माध्यमों का समावेश है। इसमें संचार के आधुनिक इलेक्ट्रॉनिक माध्यमों और कठपुतली से लेकर लोकनृत्य जैसे जनसंचार और जनशिक्षण के प्रयोगों की जानकारी है।

यही नहीं नानाजी के बारे में बताते हुए ग्रामोदय विश्वविद्यालय के जनसंपर्क अधिकारी जय प्रकाश शुक्ला बताते हैं कि 1977 में जब जनता

पार्टी की सरकार बनी, तो उन्हें मोरारजी-मन्त्रिमण्डल में शामिल किया गया परन्तु उन्होंने यह कहकर कि 60 वर्ष से अधिक आयु के लोग सरकार से बाहर रहकर समाज सेवा का कार्य करें, पद ठुकरा दिया। वास्तव में नानाजी समाजसेवी थे और राजनीति के किसी उच्च पद या अधिकारों से कोई लेना-देना नहीं था, वे समाज को विकास देना चाहते थे और जीवन पर्यन्त दीनदयाल शोध संस्थान के अन्तर्गत चलने वाले विविध प्रकल्पों के विस्तार हेतु कार्य करते रहे। अटल बिहारी वाजपेयी सरकार ने उन्हें राज्यसभा का सदस्य मनोनीत किया। अटल बिहारी वाजपेयी नानाजी के कार्यों से बहुत प्रभावित थे। अटलजी के कार्यकाल में ही भारत सरकार ने उन्हें शिक्षा, स्वास्थ्य व ग्रामीण स्वालम्बन के क्षेत्र में अनुकरणीय योगदान के लिये पद्म विभूषण भी प्रदान किया। नानाजी देशमुख चित्रकूट की जनता के सेवक तो थे ही, साथ ही वे उनकी वैचारिक भावनाओं से भी जुड़े हुए थे। शुक्ला बताते हैं कि चित्रकूट के विकास में सबसे बड़ी समस्या दो राज्यों की सीमा (उत्तर प्रदेश एवं मध्य प्रदेश) थी। यहां की जनता सरकार से इस बात के लिये अनुरोध करती रही कि चित्रकूट क्षेत्र से राज्य सीमा का बंधन समाप्त कर दिया जाये क्योंकि प्रभु राम की कर्मभूमि, वनवास स्थली समग्र चित्रकूट क्षेत्र में आती है। राज्य सीमाओं के कारण चित्रकूट का विकास पूरी तरह से नहीं हो पा रहा था। नानाजी ने इस कृत्रिम समस्या को ठीक से समझा और निदान के रूप में स्वावलंबन को आधार बनाकर संयुक्त चित्रकूट के विकास की ओर ध्यान देते हुए दोनों राज्यों को एक कर 50 कि.मी. की परिधि को अपना कार्य क्षेत्र बनाया, विकास की धारा में बाधक राज्य सीमा नानाजी के स्तर पर स्वतः सुलझ गई। नानाजी ने अपने जीवन काल में चित्रकूट के लिए बहुत काम किया और विकास क्षेत्र में अनेक धारणाएं स्थापित कर समाज में सुधार किए और शासकीय एवं स्वैच्छिक संगठनों की योजनाओं को प्रभावी बनाया। तत्कालीन राष्ट्रपति डॉ. अब्दुल कलाम ने चित्रकूट क्षेत्र का भ्रमण कर विकास कार्यों को देखा और विकासकर्ताओं का आवाहन किया कि नानाजी का चित्रकूट मॉडल देखकर प्रेरणा लेनी चाहिये। नानाजी ने अपने जीवन का अमूल्य समय चित्रकूट को दिया। यही कारण है कि चित्रकूट हर विकास

गतिविधि में नानाजी देशमुख का दर्शन और उनकी रचनात्मक भावना झलकती है। नानाजी कभी अपने लिये जीवन नहीं जिए, बल्कि अपनों के लिये जीवन जिया है। नानाजी की प्रेरणा चित्रकूट में ही नहीं, बल्कि देश-विदेश में मिसाल बन गई। अनेक लोग विकास मॉडल को आत्मसात कर रचनात्मक कार्य कर रहे हैं। उनके योगदान पर दृष्टिपात करने पर यही भावना उभरती है कि नानाजी हम सबके थे।

चित्रकूट में समाजसेवा के क्षेत्र में सक्रिय व पूर्व में पुलिस अफसर रहे डॉ. पन्नालाल अवस्थी बताते हैं कि चित्रकूट क्षेत्र बुंदेलखंड के पिछड़े इलाकों में शामिल है। इस दृष्टि से यहां के बच्चों को पढ़ने के लिए विभिन्न प्रकार की बाधाओं का सामना करना पड़ता था। ग्रामोदय विश्वविद्यालय ने उनसे निजात दिलाई और पढ़ने का खुला मौका दिया है। बहुत ही मामूली शुल्क में विश्वविद्यालय द्वारा रहने व खाने की सुविधा के साथ शिक्षा प्रदान की जा रही है। नानाजी पुरुषोत्तम राम से प्रेरित थे। उनका मानना था कि जब अपने वनवासकाल के प्रवास के दौरान भगवान राम चित्रकूट में आदिवासियों तथा दलितों के उत्थान का कार्य कर सकते हैं, तो वे क्यों नहीं। अतः नानाजी चित्रकूट में ही जब पहली बार 1989 में आए तो यहीं बस गए और अंतिम समय तक यहीं रहकर गांवों की तस्वीर बदल डाली।

नानाजी ने कभी नाम या प्रचार को प्रधानता नहीं दी, बल्कि कर्म को प्रधान माना। वे आश्रमों में रहकर सामाजिक कार्य (खासतौर पर गाँवों में) करते रहे, परन्तु कभी अपना प्रचार नहीं किया। नानाजी ने दीनदयाल उपाध्याय के निधन के बाद शोकग्रस्त न होते हुए, उनका अनुसरणकर्ता बनकर उनके दर्शन एकात्म मानववाद को साकार किया तथा दिल्ली में खुद के दम पर दीनदयाल शोध संस्थान की स्थापना की। चित्रकूट में पाई जाने वाली प्राकृतिक संपदा का सदुपयोग हो सके, इसलिए जंगलों में पाई जाने वाली जड़ी-बूटियों की उपयोगिता जन-जन तक पहुंचाने के लिए नानाजी द्वारा आरोग्यधाम की स्थापना की गई, जहां विभिन्न आयुर्वेदिक चिकित्सा हेतु औषधियों का निर्माण होता है। 27 फरवरी, सन् 2010 को चित्रकूट के तारनहार नानाजी का देहांत हो गया। तत्कालीन राष्ट्रपति ए.पी.जे. अब्दुल कलाम भी नानाजी की समाजसेवा

के कायल थे। इसका एक और उदाहरण यह है कि नानाजी ने अपने मृत शरीर को मेडिकल शोध हेतु दान करने का वसीयतनामा निधन से काफी पहले 1997 में ही लिखकर दे दिया था। निधन के बाद नानाजी का शव अखिल भारतीय आयुर्विज्ञान संस्थान को सौंप दिया गया। नानाजी ने अपने जीवन के साथ मृत्यु पर भी उसी योगदान की भावना को कायम रखते हुए मृत शरीर को व्यर्थ न जाने देकर उपयोगी बना दिया।

दुनिया बहुत तेजी के साथ आधुनिक होती जा रही है। भारत पहले कृषि प्रधान देश था, जो आज धीरे-धीरे शहरों की तरफ स्थानान्तरित हो रहा है। शहरों पर बोझ बढ़ता ही जा रहा है। ऐसे समय में ग्रामीण मूल्यों को बचाने के लिए भी नानाजी का ग्रामीण विकास मॉडल महत्त्वपूर्ण हो सकता है।

नानाजी देशमुख और केन्द्र सरकार

नानाजी देशमुख की भांति वर्तमान प्रधानमंत्री नरेन्द्र मोदी भी गांवों को अग्रसर करने में लगातार कार्यरत हैं। वे किसानों की हालत में सुधार लाने को वचनबद्ध हैं। केंद्र सरकार का लक्ष्य 2022 में किसानों की आय को दोगुना करने का है। प्रधानमंत्री नरेंद्र मोदी ने नानाजी देशमुख की जयंती पर इस लक्ष्य से देश को अवगत कराया है। हिन्दुस्तान गांवों में बसता है, हिंदुस्तान की 80 प्रतिशत जनसंख्या गांवों में रहती है, जैसी सच्चाई को जुमला बना दिया गया और नतीजा, आजादी के सात दशक बाद भी गांव से बड़ी संख्या में युवा पलायन करता है और शहरों की भीड़ में खो जाने को मजबूर होता है। और मजे की बात यह है कि हर सरकार गांव और किसानों की भलाई के लिए तरह-तरह की योजनाएं कागजों पर उतारती है, लेकिन उनका क्रियान्वयन किस स्तर पर हो रहा है... इसकी चिंता भी की जानी चाहिए। यही कारण है कि गांव के लोग आज भी मूलभूत सुविधाओं से वंचित नजर आते हैं। इससे यह बात तो सिद्ध हो जाती है कि योजनाएं फलीभूत नहीं होतीं। इस बात को प्रधानमंत्री मोदी भी जानते हैं, इसीलिए प्रधानमंत्री मोदी द्वारा सभी लोगों के बैंक एकाउंट खुलवाकर सभी प्रकार की सहायता राशि उनके खाते में पहुंचाई जा रही है। योजनाओं के नाम पर किसानों को छला गया है। नानाजी देशमुख जीवन पर्यन्त गांवों के उत्थान में लगे रहे। वे गांव को शहर की ओर नहीं बल्कि शहर को गांव की ओर लाना चाहते थे। वे ग्रामीण पलायन को रोकना चाहते थे। जिन कमियों के कारण ग्रामीण शहर की ओर आकर्षित हो रहा था, नानाजी वही सुविधाएं प्रदान कर गांवों को प्रगति की ओर ले जाना चाहते थे। नानाजी समाज सेवक थे, उन्होंने मोरारजी देसाई मंत्रिमंडल में मंत्री बनने से इसलिए इंकार कर दिया था, क्योंकि उनकी उम्र 60 वर्ष हो गई थी और उम्र के लिहाज से उन्हें राजनीति छोड़कर

एकात्म मानववाद की कल्पना को साकार करना था। ऐसा उन्होंने किसी राजनीतिक या संगठन के दबाव में नहीं बल्कि आत्मा की आवाज और अपने सिद्धांतों की वजह से किया। वो ऐसा करने में सफल रहे, जबकि आज के उम्रदराज नेता किसी भी कीमत पर राजनीतिक गलियारे में बने रहना चाहते हैं। देश और दुनिया जानती है कि नानाजी देशमुख ने उत्तर प्रदेश और मध्य प्रदेश की सीमा पर स्थित चित्रकूट को अपनी कर्मभूमि बनाया था और दोनों राज्यों के करीब 500 गांवों में स्वास्थ्य शिक्षा और रोजगार के क्षेत्र में ऐसा काम किया, जिसकी मिसाल आज दी जाती है। उनके उच्चकोटि के कार्यों को रेखांकित करने के लिए चित्रकूट ग्रामोदय विश्वविद्यालय को देखा जा सकता है। यह देश का पहला ग्रामीण विश्वविद्यालय रहा और इस प्रकार नानाजी देशमुख ने देश और दुनिया को बतलाने की कोशिश की कि किस तरह से ग्रामीण अंचलों को शहरों की मानिंद सुविधा-संपन्न किया जा सकता है। ऐसा करते हुए नानाजी देशमुख को सरकार या उसके संसाधनों की आवश्यकता नहीं थी, जिसके दम पर वो अपने आपको या संगठन या पार्टी को स्थापित करते, बल्कि उन्होंने सच्चे मन से समाजसेवा को धारण किया और एकात्म मानववाद का पाठ पढ़ाने का सफल प्रयास किया। इस प्रकार कहने में संकोच नहीं कि नानाजी देशमुख के रास्ते और सिद्धांतों पर चलते हुए यदि सरकारें और समाजसेवी संगठन ग्रामीण क्षेत्रों की भलाई के लिए कार्य करते हैं, तो गांव की तस्वीर बदल सकती है। ऐसे में गांव का युवा पलायन करता नजर नहीं आएगा, बल्कि शहर से लोग गांव की ओर आएंगे। जिस दिन ऐसा होगा, हिन्दुस्तान की तरक्की को सही दिशा मिल जाएगी। अंततः यह नहीं भूलना चाहिए कि हमारा असली भारत गांवों में ही बसता है और जब तक किसान समेत ग्रामीण समाज खुशहाल नहीं होगा, तब तक शहरी चमक-दमक का कोई मूल्य नहीं है। इस विचारधारा के साथ यदि प्रधानमंत्री मोदी किसानों के भले की बात करते हैं, तो वह वाकई स्वागत योग्य है।

केंद्रीय ग्रामीण विकास मंत्री नरेन्द्र सिंह तोमर ने कृषि अनुसंधान संस्थान परिसर में नानाजी के जन्मशताब्दी पर आयोजित राष्ट्रीय सम्मेलन में कहा कि नानाजी देशमुख का जीवन प्रेरणादायी था। उनके व्यक्तित्व व कृतित्व से लोगों को सही दिशा मिलती है। उन्होंने 60 साल की आयु में ही सक्रिय

राजनीति से सेवानिवृत्ति की घोषणा कर दी और समाजसेवा में स्वयं को समर्पित कर दिया।

'मिशन अंत्योदय' के तहत सरकार ने 50 हजार ग्राम पंचायतों को गरीबी मुक्त बनाने का फैसला किया है। इस मिशन की सफलता के लिए सरकार के 30 विभाग जुटे हुए हैं। लेकिन इसकी सफलता के लिए सिर्फ सरकार पर निर्भरता नहीं होनी चाहिए, इसमें सभी वर्गों की भागीदारी जरूरी है।

नानाजी के विचारों की चर्चा करते हुए तोमर ने कहा कि गांवों के विकास के लिए उन्हें बीमारी मुक्त, झगड़ा मुक्त, गंदगी मुक्त, गरीबी मुक्त करना होगा। इस मंत्र की सफलता के लिए हमें नानाजी के पदचिन्हों पर चलना होगा और समाज के हर वर्ग को पूरी शिद्दत के साथ 'गरीबी भारत छोड़ो' आंदोलन के साथ जुड़ना होगा। नानाजी ने बीड़, गोंडा और चित्रकूट में ग्राम विकास का सफल मॉडल सफलतापूर्वक पूरा किया है, जिसे आज भी मिसाल के तौर पर स्मरण किया जाता है।

एक आदर्श राजनीतिज्ञ

किसी भी देश में एक आदर्श व्यक्ति का उदय उसके कर्मों और जन संघर्ष की तपन से निकलकर सामने आता है। नानाजी एक ऐसा नाम है, जिसे भारतीय राजनीति में बड़े ही आदर और सम्मान के साथ याद किया जाता है।

नानाजी देशमुख राष्ट्रीय स्वयंसेवक संघ के मजबूत स्तंभ और प्रख्यात समाजसेवक थे। देश के दूसरे सर्वोच्च नागरिक सम्मान पद्म विभूषण से सम्मानित किए गए नानाजी देशमुख ने शिक्षा, स्वास्थ्य और ग्रामीण लोगों के बीच स्वावलंबन के लिए अनेक कार्य किए, इसके लिए वे याद किए जाते हैं और हमेशा किए जाते रहेंगे। अपना शेष जीवन उन्होंने चित्रकूट के गाँवों का कल्याण करने में बिताया और उनके विकास की एक नई गाथा लिखी।

नानाजी का जीवन घटनाओं से परिपूर्ण रहा। उनके जीवन का बड़ा भाग संघर्षों में ही व्यतीत हुआ था। नानाजी बहुत छोटे थे, तभी उनके माता-पिता का देहांत हो गया था। उनके मामाजी ने ही उनका पालन-पोषण कर उन्हें बड़ा किया।

नानाजी का बचपन काफी हद तक गरीबी और अभावों में बीता था। जब वे स्कूल में पढ़ते थे तो उनके पास किताबें आदि खरीदने के लिए पैसे नहीं होते थे, लेकिन उनके अन्दर ज्ञान तथा शिक्षा प्राप्त करने की जिज्ञासा थी, जिसे वे हर हाल में पाना चाहते थे। रहने के लिए उचित आवास न होने पर वे मन्दिरों में भी रहे और अपनी पढ़ाई जारी रखने के लिए सब्जी बेचकर पैसे कमाए। प्राथमिक, माध्यमिक शिक्षा प्राप्त करने के बाद बिरला इंस्टीट्यूट, पिलानी से नानाजी ने उच्च शिक्षा प्राप्त की थी।

यद्यपि नानाजी का जन्म महाराष्ट्र में हुआ था, लेकिन उनका कार्यक्षेत्र राजस्थान और उत्तर प्रदेश में ही रहा। तीस के दशक में वे आरएसएस में शामिल हो गये। उनकी श्रद्धा देखकर आरएसएस के संघ संचालक गुरु जी ने उन्हें प्रचारक के रूप में गोरखपुर भेज दिया, वहाँ उन्हें उत्तर प्रदेश का प्रचारक नियुक्त कर दिया गया। डॉ. हेडगेवार लोकमान्य तिलक के विचारों से बहुत प्रभावित थे। 1940 में महाराष्ट्र के सैकड़ों युवक संघ से जुड़े और संघ के प्रचारक बने। इनमें नानाजी भी थे। उनकी तीव्र बुद्धि तथा विलक्षण संगठन कौशल ने 1950 से 1977 तक भारतीय राजनीति पर अमिट छाप छोड़ी। उन्होंने विभिन्न विचार और स्वभाव वाले नेताओं से मिलकर उन्हें एक साथ लाकर कांग्रेस का सदैव सत्ता में बने रहने का जोरदार विरोध किया था। संघ के प्रचारक के रूप में उन्हें उत्तर प्रदेश में पहले आगरा और फिर गोरखपुर भेज दिया गया। उन दिनों संघ की आर्थिक स्थिति बहुत खराब थी। नानाजी एक धर्मशाला में रहते थे। वहाँ हर तीसरे दिन कमरा बदलना पड़ता था। आखिरकार कांग्रेस के एक नेता ने उन्हें इस शर्त पर स्थायी कमरा दिलवाया कि वे उसका खाना बना दिया करेंगे। नानाजी स्वयं इस तकलीफ से गुजरे थे, अतः उन्होंने दूसरों की परेशानी को समझा और उनके परिश्रम से तीन साल में गोरखपुर के आस-पास 250 शाखाएँ खुल गयीं। गांव में साक्षरता का अभाव देख नानाजी का मन दुःखी था। मौजूदा विद्यालयों की स्थिति भी अच्छी नहीं थी।

1947 में रक्षा बन्धन के शुभ अवसर पर लखनऊ में राष्ट्रधर्म प्रकाशन की स्थापना हुई, तो इसके प्रबन्धक नानाजी ही बनाये गए। वहाँ से मासिक 'राष्ट्रधर्म', साप्ताहिक 'पांचजन्य' तथा दैनिक 'स्वदेश' अखबार निकाले गये। किंतु 1948 में गांधी जी की हत्या के बाद संघ पर प्रतिबन्ध लग गया। ऐसे में नानाजी ने अन्य नामों से कई गुप्त पत्र निकाले। इसके बाद 1952 में जनसंघ की स्थापना होने पर उत्तर प्रदेश में उसका कार्य नानाजी को सौंपा गया। 1957 तक प्रदेश के सभी जिलों में जनसंघ की पहुँच बन चुकी थी। नानाजी की महत्त्वपूर्ण भूमिका के सौजन्य से 1967 में उत्तर प्रदेश में चौधरी चरण सिंह के नेतृत्व में सरकार बनी। विनोबा भावे के भूदान यज्ञ में

नानाजी खूबसक्रिय रहे। 1974 में इन्दिरा गांधी के शासन के विरुद्ध लोकनायक जयप्रकाश नारायण के नेतृत्व में किये गये आन्दोलन के तहत पटना में जब पुलिस ने जयप्रकाश पर लाठियाँ बरसायीं गइ तो नानाजी ने उन्हें अपनी बाँह पर झेल लिया। उनकी बाँह टूट गयी; पर जयप्रकाश जी बच गये।

1975 में कांग्रेस की सरकार थी, अतः कई विपक्षी नेताओं को जेल हुई, किंतु नानाजी निकल गए, वे हाथ नहीं आये। यद्यपि बाद में नानाजी भी पकड़े गये। उस समय सत्याग्रह पूरे देश में फैला हुआ था, एक लाख से भी अधिक लोगों ने गिरफ्तारी दी। परिणामतः 1977 के चुनाव में इन्दिरा गांधी हार गयीं और दिल्ली में मोरारजी देसाई के नेतृत्व में जनता पार्टी की सरकार बनी। नानाजी ने सत्ता की बजाय संगठन को महत्त्व दिया और अपने बदले ब्रजलाल वर्मा को मन्त्री बनवाया। इस पर उन्हें जनता पार्टी का महामन्त्री बनाया गया। उस समय नानाजी सत्ता या दल में बड़े-से-बड़ा पद ले सकते थे, लेकिन उन्होंने सक्रिय राजनीति छोड़कर दीनदयाल शोध संस्थान के माध्यम से पहले गोंडा और फिर चित्रकूट में ग्राम विकास का कार्य संपूर्ण प्रयासरत हो प्रारम्भ किया।

सत्ता में आने के बाद अधिकतर नेतागण पदासीन बने रहना चाहते हैं। लेकिन नानाजी देशमुख ने 60 साल की उम्र पूरी होते ही राजनीति छोड़ दी थी, क्योंकि उनका मानना था कि 60 साल की उम्र के बाद व्यक्ति को राजनीति छोड़ देनी चाहिए। वह राजनीति में अटल बिहारी वाजपेयी, लालकृष्ण आडवाणी जैसे भाजपा के नेताओं से वरिष्ठ थे और भाजपा के गठन के काफी पहले राजनीति को अलविदा कह चुके थे। नानाजी ने अपने समाजसेवी जीवनकाल में 'दीनदयाल शोध संस्थान', 'ग्रामोदय विश्वविद्यालय' और 'बाल जगत' जैसे सामाजिक संगठनों की स्थापना की। उत्तर प्रदेश के गोंडा जिले में उनके द्वारा किया गया सामाजिक कार्य असाधारण था। 1999 में उन्हें 'पद्म विभूषण' से सम्मानित किया गया और इसी साल राज्यसभा के लिए भी उनका नाम चयनित किया गया। वे बलरामपुर से लोकसभा के लिये भी चुने गये थे। पूर्व राष्ट्रपति ए.पी.जे. अब्दुल कलाम ने नानाजी देशमुख द्वारा कमजोर वर्ग के उत्थान के लिए किए गए कार्यों की सराहना की थी

और इस क्षेत्र में उनकी उपलब्धियों को सराहा व अनुकरणीय बताया था।

राजनीति से अलग होने के बाद भी नानाजी विवादों से घिरे रहे। नानाजी उस वक्त और अधिक विवाद में घिर गए, जब 1984 में उन्होंने कहा था कि अब समय आ गया है कि संघ राजीव गांधी के साथ खड़ा रहे। हालांकि इसके बाद जब केन्द्र में अटल बिहारी वाजपेयी की सरकार बनी, तब भी कई मौके ऐसे आये, जब वे केन्द्र सरकार के खिलाफ नजर आये। कर्मयोगी नानाजी ने 27 फरवरी, 2010 को अपनी कर्मभूमि चित्रकूट से हमेशा के लिए विदा ली, उनका देहांत हो गया। नानाजी ने विवाह नहीं किया और संपूर्ण जीवन समाज सेवा के नाम पर दान कर दिया। यही नहीं उन्होंने देह दान का संकल्प पत्र भी बहुत पहले ही भर दिया था। अतः देहांत के बाद उनका शरीर दिल्ली के आयुर्विज्ञान संस्थान को दान कर दिया गया।

उन्होंने बताया कि 'दधीचि देह दान समिति' के अध्यक्ष आलोक कुमार थे। नानाजी ने सन् 1997 में यह इच्छा जताई थी कि उनकी मृत्यु के पश्चात् उनके पार्थिव शरीर का उपयोग चिकित्सा शोध कार्य के लिए किया जाए। उनकी इच्छानुसार नानाजी हेमंत पाण्डे को अपना पुत्र व श्रीमती कुमुद सिंह को पुत्री मानते थे। आलोक कुमार ने बताया कि 11 अक्टूबर, 1997 को देहदान की वसीयत तैयार की गई, जिस पर इन दोनों ने साक्षी के रूप में हस्ताक्षर किए थे। नानाजी चाहते थे कि उनके हर अंग का देशहित में उपयोग हो, यही उनकी अंतिम इच्छा भी थी। ऐसे में मृत्यु होने पर उनकी पार्थिव देह दिल्ली लाने में कोई व्यवधान न हो, इस हेतु नानाजी ने दधीचि देहदान समिति को 11,000 रुपये दिए, उनका कहना था कि मैं हमेशा प्रवास पर रहता हूँ, इसलिए मेरी मृत्यु कहीं भी हो सकती है। यह रुपये मेरी देह को कहीं से भी दिल्ली पहुँचाने की व्यवस्था के लिए हैं। नानाजी की इच्छा के अनुसार उनकी देह को 'अखिल भारतीय आयुर्विज्ञान संस्थान' में शोध कार्य के लिए दे दिया गया, जहाँ चिकित्सक उनकी देह पर शोध कर अन्य मरीजों का भला कर सकते थे।

दिल्ली की दधीचि देहदान समिति को अपने देहदान सम्बन्धी शपथ पत्र पर हस्ताक्षर करते हुए नानाजी ने कहा था- मैंने जीवन-भर संघ शाखा में

प्रार्थना में बोला है 'पत्तवेष कायो नमस्ते नमस्ते।' अतः मृत्यु के बाद भी यह शरीर समाज के लिए उपयोग में आना उचित है। इस प्रकार उन्होंने मृत्यु के उपरान्त अपना शरीर चिकित्सा शास्त्र पढ़ने वाले युवकों के अध्ययन के लिए समर्पित कर दिया। नानाजी के जीवन व कृतित्व से लाखों लोग प्रेरणा लेते रहे हैं और भविष्य में भी लेते रहेंगे। इस प्रकार का दूसरा चरित्र मिलना मुश्किल है।

नानाजी ने अपने राजनीतिक जीवन में जो आदर्श स्थापित किये, उनको तोड़ पाना आज बहुत कठिन है, क्योंकि वर्तमान राजनीतिज्ञ तमाम विवादों में घिरे रहते हैं। एक-दो राजनीतिज्ञ ही अच्छे कार्यों और व्यवहारों के लिए पहचाने जाते हैं। यदि आज के राजनेता नानाजी के आदर्शों का एक अंश भी अनुसरण कर लें तो देश की तकदीर ही बदल जाएगी।

महान कर्मयोगी नानाजी

श्रीकृष्ण ने कहा था कि कर्म किये जा, फल की इच्छा मत कर। लगता है इस विचार का पालन सबसे अधिक नानाजी ने किया था। चाहे कितना भी कठिन-से-कठिन समय आया हो, उन्होंने कभी भी पीछे हटना नहीं सीखा।

नानाजी अपने समय में एक जीवंत किंवदन्ती हो चुके थे कि उनको जो भी काम मिला या समय ने जो भी कार्यभार सौंपे, उनको पूरा करके ही छोड़ा।

नानाजी देशमुख कर्मयोगी समाजसेवी थे। आज जब हम देखते हैं कि मंत्रीपद, प्रतिष्ठा आदि पाने के लिए समाजसेवी, राजनीतिज्ञ कुछ भी करने को तैयार रहते हैं, ऐसे में नानाजी देशमुख के महान व्यक्तित्व मानस पटल पर उभरने लगता है। नानाजी ने समाजसेवा के लिए उच्च आदर्श स्थापित करते हुए न केवल मंत्री पद ठुकरा दिया था, बल्कि एक ऐसा सेवा प्रकल्प खड़ा किया, जो पूरी दुनिया में शोध का विषय बन चर्चित हो गया। वे नानाजी ही थे, जिन्हें अपने जीवन काल में शिक्षा प्राप्त करने के लिए कई संघर्ष करने पड़े। पढ़ाई का खर्च करने के लिए उन्हें सब्जी तक बेचनी पड़ी और गोरखपुर में संघ की शिक्षा योजना के अंतर्गत सबसे पहला सरस्वती शिशु मंदिर नानाजी द्वारा ही प्रारम्भ किया गया था। आज यह योजना बृहत रूप ले चुकी है।

नानाजी देशमुख राष्ट्रीय स्वयंसेवक संघ के संस्थापक डॉ. केशव बलिराम हेडगेवार की राष्ट्रवादी विचारधारा से प्रेरित हुए। उनसे प्रेरित होकर वे संघ प्रचारक बन गये थे। उन्होंने समाज सेवा और सामाजिक गतिविधियों में रुचि लेना शुरू कर दिया। हेडगेवार जी नानाजी के काफी करीब थे इसलिए उन्होंने उनकी प्रतिभा को पहचान लिया और आरएसएस की शाखा में आने के लिये प्रेरित किया।

1940 में, डॉ. हेडगेवार जी का निधन हो गया। उसके बाद नानाजी ने यह काम संभाला और कई युवकों को महाराष्ट्र की आरएसएस शाखाओं में शामिल होने के लिये प्रेरित किया। नानाजी ने अपना सम्पूर्ण जीवन राष्ट्र की सेवा में अर्पित करने के लिये आरएसएस को दे दिया। प्रचारक के रूप में उन्हें उत्तर प्रदेश भेजा गया। आगरा में वे पहली बार दीनदयाल जी से मिले। बाद में उन्हें संघ का विस्तार करने के लिए गोरखपुर भेज दिया गया। संघ के पास दैनिक खर्च के लिए भी पैसे नहीं होते थे, विस्तार संबंधी कार्य उस समय आसान नहीं था। नानाजी को धर्मशालाओं में ठहरना पड़ता था और लगातार धर्मशाला कुछ-कुछ दिनों में बदलनी भी पड़ती थी, क्योंकि एक धर्मशाला में लगातार तीन दिनों से ज्यादा समय तक ठहरने नहीं दिया जाता था। यहां वे बाबा राघवदास के सम्पर्क में आए, उन्होंने उन्हें इस शर्त पर ठहरने दिया कि वे उनके लिये खाना बनाया करेंगे। नानाजी उनके साथ रहने लगे व शर्त अनुसार रोज उनका खाना भी बनाते थे। बाबा राघव दास के साथ रहकर उन्होंने संघ के लिए जी तोड़ मेहनत की और तीन साल के अन्दर उनकी मेहनत रंग लायी व गोरखपुर के आसपास संघ की 250 शाखायें खुल गयीं। यहीं नानाजी ने शिक्षा पर भी बहुत जोर दिया। उन्होंने पहले सरस्वती शिशु मन्दिर की स्थापना गोरखपुर में की।

आरएसएस ने 1947 में 'राष्ट्रधर्म' और 'पांचजन्य' नामक दो साप्ताहिक और 'स्वदेश' (हिन्दी समाचारपत्र) निकालने का फैसला किया। अटल बिहारी वाजपेयी को सम्पादन करने की जिम्मेदारी दी गई। दीनदयाल उपाध्याय को मार्गदर्शन और नानाजी को प्रबन्ध निदेशक की जिम्मेवारी सौंपी गयी। पैसे की कमी होने के कारण पत्र-पत्रिकाओं का प्रकाशन संगठन के लिये बेहद मुश्किल कार्य था, फिर भी उनके उत्साह या काम में कमी नहीं आयी और सुदृढ़ राष्ट्रवादी सामग्री के कारण इन प्रकाशनों को लोकप्रियता और पहचान मिली। 1948 में गांधीजी की हत्या के बाद आरएसएस पर प्रतिबन्ध लगा दिया गया, जिससे इन प्रकाशन कार्यों पर व्यापक असर पड़ा। फिर भी भूमिगत होकर इनका प्रकाशन कार्य जारी रहा।

1977 में जब जनता सरकार सत्ता में आई थी तो उसमें नानाजी को मंत्री बनाया गया, लेकिन नानाजी ने यह कहकर कि 60 वर्ष की उम्र में मंत्री बनना उचित नहीं, मंत्री पद अस्वीकार कर समाज में एक आदर्श विचार प्रस्तुत किया। उन्होंने चित्रकूट में ग्रामोदय विश्वविद्यालय स्थापित कर विश्वविख्यात प्रकल्प खड़ा किया और एक आदर्श कर्मयोगी की तरह देश सेवा में लगे रहे।

चाहे उन्हें पढ़ने या शोध का काम मिला हो या पत्र-पत्रिकाओं में लिखने का महत्त्वपूर्ण कार्य, उन्होंने बड़ी ही मुस्तैदी के साथ कार्य किया।

यदि जरूरत पड़ी तो अपना कमरा छोड़कर घर-घर जाकर कार्यकर्ताओं का शिक्षण-प्रशिक्षण भी लगातार करते रहे।

ऐसा कोई भी कार्य उनकी डिक्शनरी में नहीं था, जिसको नानाजी नहीं कर सकते थे। इसीलिए उन्हें एक कर्मयोगी के रूप में भी पहचाना जाता है।

नानाजी और वसीयतनामा

> कम उम्र में ही नानाजी के माता-पिता का देहांत हो गया था। इसके कारण बचपन में ही उन्हें कई मुसीबतों का सामना करना पड़ा और वयस्क होने से पहले का संपूर्ण जीवन अभाव एवं संघर्ष में बीता। नानाजी के मामा ने उनका पालन-पोषण किया। अपनी शिक्षा का खर्च नानाजी ने स्वयं सब्जियां बेच कर उठाया। उच्च शिक्षा बिरला कॉलेज से प्राप्त करते हुए नानाजी आरएसएस में शामिल हुए। नानाजी महाराष्ट्र में पैदा हुए, लेकिन उनका कार्यक्षेत्र उत्तर प्रदेश और राजस्थान रहा।

नानाजी देशमुख देश के पहले ऐसे व्यक्ति थे, जिन्होंने अपनी वसीयत पहले ही लिख दी थी।

नानाजी देशमुख आदर्श व्यक्तित्व के स्वामी थे। उन्हें किसी प्रकार का लालच नहीं था। उन्हें किसी पद व पदक की लालसा भी नहीं थी। वे ग्रामीणों के दुःख-दर्द को समझते थे और जीवन भर उन्हीं की सेवा में लगे रहे। मोरारजी देसाई की सरकार बनने पर उन्हें मंत्रीपद के लिए आमंत्रित किया गया, किंतु आयु सीमा की बात रखते हुए उन्होंने मंत्रीपद स्वीकारने से इंकार कर दिया। उनकी तुलना में आज के नेता तब तक राजनीति करना चाहते हैं, जब तक ऊपर वाले का बुलावा न आ जाए। इसके पीछे उनकी मंशा देश और समाज को कुछ देना या उनकी सेवा करना नहीं होता बल्कि आरामदायक जिन्दगी जीना होता है, लेकिन कुछ लोग दुनिया में अपवाद भी होते हैं और उनमें से एक अपवाद हैं नानाजी देशमुख। आपातकाल समाप्त होने के बाद बलरामपुर से नानाजी सांसद चुने गए। वे सरकार में रहकर नहीं बल्कि सरकार से बाहर रहकर समाज सेवा

का कार्य करना चाहते थे। नानाजी ने कहा था- 'वह अपने लिए नहीं अपनों के लिए हैं।' यह साधारण कथन नहीं बल्कि उनका ध्येय वाक्य था, जिस पर उन्होंने पूरी जिंदगी अमल भी किया। उन्होंने मृत्यु पर्यन्त अपना जीवन देश सेवा को समर्पित कर दिया।

कम उम्र में ही नानाजी के माता-पिता का देहांत हो गया था। इसके कारण बचपन में ही उन्हें कई मुसीबतों का सामना करना पड़ा और व्यस्क होने से पहले का संपूर्ण जीवन, अभाव एवं संघर्ष में बीता। नानाजी के मामा ने उनका पालन-पोषण किया। अपनी शिक्षा का खर्च नानाजी ने स्वयं सब्जियां बेच कर उठाया। उच्च शिक्षा बिरला कॉलेज से प्राप्त करते हुए नानाजी आरएसएस में शामिल हुए। नानाजी महाराष्ट्र में पैदा हुए, लेकिन उनका कार्यक्षेत्र उत्तर प्रदेश और राजस्थान रहा। उन्होंने कभी क्षेत्रीय या जातीय आधार पर भेदभाव नहीं किया। उनकी श्रद्धा और मेहनत को देखते हुए उस समय के सरसंघचालक श्री गुरुजी ने उन्हें संघ के प्रचार के लिए गोरखपुर भेजा। नानाजी ने मन लगाकर काम किया। बाद में उन्हें उत्तर प्रदेश का प्रांत प्रचारक बनाया गया। नानाजी देशमुख ने राजनीति में जितना योगदान दिया और ख्याति प्राप्त की, उससे कहीं अधिक उनका योगदान समाज सुधार और शिक्षा के क्षेत्र में है। वे देश में शिक्षा की आवश्यकता को समझते थे। शिक्षा को विशेष महत्त्व देने वाले नानाजी ने सर्वप्रथम गोरखपुर में सरस्वती शिशु मंदिर की स्थापना की। यह कार्य आसान नहीं था, क्योंकि उस समय धन का अभाव था, परन्तु उस समय जिस कार्य के बीज को उन्होंने बोया, वह आज एक विशाल रूप लेकर कई शाखाओं में बंट चुका है। लोकमान्य तिलक की राष्ट्रवादी विचारधारा से प्रभावित नानाजी ने उत्तर प्रदेश में संघ का विस्तार किया। यद्यपि यह भी एक मुश्किल कार्य था, परन्तु पूर्वी उत्तर प्रदेश में गोरखपुर एवं आसपास के क्षेत्रों में उन्होंने अधिक-से-अधिक शाखाएं सक्रिय कीं। अपने राजनैतिक जीवन में नानाजी ने जमकर काम किया और कई उपलब्धियां हासिल कीं। सियासत से संन्यास लेने के उपरांत नानाजी ने अपने को पूर्ण रूप से सामाजिक गतिविधियों में सीमित कर लिया और समाज सेवा में जुट गए। इस दौरान 'दीनदयाल अनुसन्धान संस्थान' में सकारात्मक परिवर्तन

के लिए विभिन्न विषयों पर कार्य किया। नानाजी ने न्यूनतम आवश्यकताओं, गरीबी उन्मूलन, कृषि और ग्रामीण शिक्षा आदि पर भी कार्य किया। उत्तर प्रदेश और मध्य प्रदेश से सटे कई गाँवों के विकास में इनका योगदान अतुलनीय व सराहनीय है। नानाजी अपने लिए नहीं बल्कि अपनों के लिए जीवन-भर कार्य करते रहे।

गोंडा (उत्तर प्रदेश) एवं बीड (महाराष्ट्र) में भी इन्होंने काफी सफल सामाजिक प्रयास किए। चित्रकूट को अपनी कर्मस्थली बनाने वाले नानाजी ने वहां के विकास एवं शिक्षा का कार्य पूर्ण निष्ठा के साथ किया। इसी की मिसाल भारत का पहला ग्रामीण विश्वविद्यालय 'चित्रकूट ग्रामोदय विश्वविद्यालय' है, जिसकी स्थापना का श्रेय भी नानाजी को ही जाता है। ग्रामीण क्षेत्रों में विकास के लिए प्रयासरत रहे नानाजी ने शिक्षा, स्वास्थ्य, कृषि एवं पर्यावरण के समन्वय पर भी बल दिया। उत्तर प्रदेश व मध्य प्रदेश की सीमा पर चित्रकूट के गांवों को सक्षम व आत्मनिर्भर बनाना उनका लक्ष्य था। इसी प्रयास के तहत विकास का एक ऐसा प्रारूप तैयार करना था, जो पूरे भारतवर्ष में लागू हो सके। आर्थिक आत्मनिर्भरता व सामाजिक पुनर्रचना से सामाजिक परिवर्तन लाने का इरादा रखने वाले नानाजी को 'पद्म विभूषण' सहित कई पुरस्कारों से सम्मानित किया गया। वर्ष 1999 में नानाजी को राज्य सभा के लिए भी नामांकित किया गया। इस बात से पता चलता है कि मेहनत व बिना किसी लालच के किए गए प्रयास अवश्य सफल होते हैं। उन्हें किसी प्रकार की लाग-लपेट की जरूरत नहीं होती।

नानाजी जब पहली बार चित्रकूट आए तो यहीं के होकर रह गए। वे भगवान राम से काफी प्रभावित थे। उन्होंने भगवान श्रीराम की कर्मभूमि चित्रकूट की दुर्दशा देखी। वे मंदाकिनी के तट पर बैठ गए और चित्रकूट को बदलने का फैसला किया। अपने वनवास-काल में राम ने दलित जनों के उत्थान का कार्य यहीं रहकर किया था, और इसी प्रेरणा से प्रेरित होकर नानाजी ने चित्रकूट को ही अपने सामाजिक कार्यों का केन्द्र बनाया व संपूर्ण जीवन समर्पित कर दिया। वे सबसे गरीब व्यक्ति की सेवा में विश्वास रखते थे। उनका मानना था कि जब तक देश का या राज्य का अंतिम व्यक्ति

खुशहाल नहीं होता, तब तक देश खुशहाल नहीं कहलाता। वे अकसर कहा करते थे कि उन्हें राजा राम से अधिक प्रिय वनवासी राम लगते हैं, जिन्होंने वनवासियों की सहायता की, उन्हें सहारा दिया। इसलिए वे अपना बचा हुआ जीवन चित्रकूट में ही बिताएंगे। ये वही स्थान है, जहाँ राम ने अपने वनवास के 14 में से 12 वर्ष गरीबों की सेवा में बिताए थे। उन्होंने अपने संकल्प को पूरा किया और अन्तिम क्षण तक इस प्रण का पालन किया।

अपने मृत शरीर को दान करने के लिए वसीयतनामा लिखने वाले नानाजी देशमुख देश के पहले व्यक्ति थे। 95 साल की उम्र में 27 फरवरी, 2010 को चित्रकूट स्थित ग्रामीण विश्वविद्यालय में उनका देहांत हो गया। उन्होंने इलाज के लिए दिल्ली जाने से मना कर दिया था। हालांकि उनकी वसीयत अनुसार उनका शव दिल्ली ही भेजा जाना था। शायद वे चित्रकूट में ही अपने प्राण त्यागना चाहते थे। देह दान करने का उनका वसीयतनामा (इच्छा पत्र) मरने से काफी समय पूर्व 1997 में ही लिखकर दे दिया जा चुका था, उनके वसीयतनामे का आदर करते हुए उनका शव एम्स, नई दिल्ली को सौंप दिया गया, जो मेडिकल शोध के लिए प्रयोग किया जाना था।

नानाजी देशमुख के बारे में महत्त्वपूर्ण तथ्य

आइए जानते हैं नानाजी देशमुख के जीवन से जुड़े कुछ महत्त्वपूर्ण तथ्य।

1. नानाजी का संबंध एक मराठी ब्राह्मण परिवार से था। उनका पूरा नाम चंडिकादास अमृतराव देशमुख था। बहुत कम उम्र में ही माता-पिता का साया उनके सर से उठ गया, जिसके बाद उनका लालन-पालन ननिहाल में उनके मामा ने किया।

2. बचपन से ही उनमें शिक्षा प्राप्त करने की जिज्ञासा थी, वे एक मेधावी छात्र थे, फलतः उनकी शिक्षा-दीक्षा सीकर के महाराज द्वारा दी गई छात्रवृत्ति से संपन्न हुई। उसके बाद वे सब्जी बेचकर अपनी पढ़ाई का खर्च निकालते थे। राष्ट्रीय स्वयंसेवक संघ में शामिल होने से पहले तक उन्होंने बिड़ला स्कूल से पढ़ाई की, जो आज 'बिट्स पिलानी' के नाम से प्रसिद्ध है। नानाजी का शिक्षा के प्रति प्रेम उनके कार्यों में दिखता है।

3. नानाजी देशमुख जब लोकमान्य तिलक से मिले तो अच्छे-खासे प्रभावित हुए। उनके आदर्श और सीख के कारण ही उन्होंने समाज सेवा का रास्ता चुना और जीवन पर्यन्त सच्चाई के साथ इसी रास्ते पर चलते रहे।

4. एक ही विचार से प्रभावित डॉ. केशव बलिराम हेडगेवार और नानाजी के पारिवारिक मित्र थे। उनके इसी मित्र ने उन्हें आरएसएस में शामिल होने के लिए प्रेरित किया था। हेडगेवार की मृत्यु के बाद उनसे प्रभावित होकर कई छात्रों ने आरएसएस ज्वॉइन किया। नानाजी ऐसे विरले लोगों में से थे, जिन्होंने अभावों से घिरे होने के बावजूद जीवनभर संघ के लिए काम किया और संस्था को सुदृढ़ता प्रदान की।

5. नानाजी देश में शिक्षा का प्रसार चाहते थे। देश में आधुनिक शिक्षा के लिए उन्होंने कई महत्त्वपूर्ण कदम उठाए। ये उनका ही प्रयास था कि 1950 में पहले सरस्वती शिशु मंदिर की स्थापना गोरखपुर में की गई और कालांतर में उसने वट वृक्ष का रूप ले लिया।

6. नानाजी की जी-तोड़ मेहनत और प्रयासों का ही प्रतिफल था कि उत्तर प्रदेश में विभिन्न राजनीतिक पार्टियों के नेताओं ने एक मंच पर आकर 1967 में पहली गैर-कांग्रेस सरकार बनाई।

7. राजनीतिक मंच पर एक होने के बाद ही दीनदयाल उपाध्याय, अटल बिहारी वाजपेयी और नानाजी देशमुख ने जनसंघ की नींव रखी। वाजपेयी जी की भाषण देने की उम्दा योग्यता और नानाजी की सांगठनिक प्रतिभा को मिलाकर एक बड़ी पार्टी खड़ी कर देने का श्रेय श्री दीनदयाल उपाध्याय को ही जाता है।

8. नानाजी देशमुख को उनकी अपनी पार्टी के साथ-साथ विपक्ष के नेतागण भी सम्मान देते थे। इसका एक उदाहरण उत्तर प्रदेश के पूर्व मुख्यमंत्री चन्द्र कुमार गुप्ता हैं, जो उनसे चुनाव हार जाने के बावजूद नानाजी का बहुत सम्मान करते थे। उन्होंने नानाजी को 'नाना फड़नवीस' की उपाधि प्रदान की थी। इससे उनके आपसी संबंधों का परिचय मिलता है।

9. 60 वर्ष की आयु में सक्रिय राजनीति से संन्यास लेने के बाद नानाजी ने स्वयं को सामाजिक कार्यों में लगा दिया। उन्होंने गरीबी उन्मूलन, ग्रामीण स्वास्थ्य और शिक्षा के लिए मिसाल के तौर पर काम किया जिसके लिए उन्हें आज भी याद किया जाता है।

10. भारत के पहले ग्रामीण विश्वविद्यालय, चित्रकूट ग्रामोदय विश्वविद्यालय की स्थापना नानाजी द्वारा ही की गई थी। वह इसके चांसलर भी रह चुके थे।

11. पूर्व राष्ट्रपति ए.पी.जे. अब्दुल कलाम सामाजिक कार्यों में उनके समर्पण के कायल थे। उनके द्वारा किए सामाजिक कार्यों के लिये 1999 में भारत सरकार द्वारा उन्हें पद्म विभूषण से सम्मानित किया गया। भारत के इस महान विभूति की मृत्यु फरवरी, 2010 में हो गई।

जयप्रकाश नारायण और नानाजी देशमुख एक तुलनात्मक विश्लेषण

> नानाजी को उनके विरोधी विचारधारा के लोगों का भी सहज सम्मान प्राप्त था। 1957 में उत्तर प्रदेश में जनसंघ की स्थापना हुई, और जल्द ही उसने नानाजी के भरसक प्रयासों से एक शक्तिशाली राजनीतिक ताकत का रूप ले लिया। उत्तर प्रदेश में पहली गैर कांग्रेसी सरकार बनाने में नानाजी का ही महत्त्वपूर्ण योगदान था। वामपंथी रुझान के राम मनोहर लोहिया, कृषक प्रतिनिधि चौधरी चरण सिंह और दक्षिणपंथी माना जाने वाला जनसंघ, इन तीनों के समन्वय से बना यह बेमेल गठबंधन सरकार बनाने में सफल हुआ।

जयप्रकाश नारायण और नानाजी देशमुख ऐसे दो व्यक्ति, जिनकी पृष्ठभूमि अलग-अलग और दोनों का जन्मदिन - 11 अक्टूबर, हालांकि दोनों की आयु में 14 वर्ष का अंतर। जे.पी. का जन्म बिहार के सारण जिले में हुआ। उनके पिता एक सामान्य शासकीय कर्मचारी थे, किन्तु अपने जीवट से जे.पी. अध्ययन के लिए अमेरिका जा पहुंचे। जबकि नानाजी, जिनसे कम उम्र में ही उनके माता-पिता को ईश्वर ने छीन लिया। ऐसे में संघर्षपूर्ण बचपन होना स्वाभाविक था। जे.पी. समाजवादी, और नानाजी एकात्म मानववादी थे, किन्तु उस दिन पटना ने इन दोनों महान पुरुषों का मार्ग एक कर दिया। जे.पी. संपूर्ण क्रांति का चेहरा थे, किन्तु बाद में जो जनता दल अस्तित्व में आया, उसके योजनाकार नानाजी थे।

भाजपा का गोरखपुर में जो ठोस आधार आज है, उसकी नींव रखने वाले नानाजी थे। तत्कालीन सरसंघचालक गुरु गोलवलकर जी ने नानाजी को

संघ प्रचारक के रूप में गोरखपुर भेजा था। उस समय नानाजी के पास भारी धनाभाव था, साथ ही पूर्व से वहां कोई संगठनात्मक आधार भी नहीं था, किन्तु नानाजी ने बाबा राघवदास की कुटिया में उनके लिए भोजन पकाने की शर्त को मानते हुए संघ कार्य को गति प्रदान की। और देखते-देखते तीन वर्ष के अन्दर उनकी मेहनत रंग लाई और अकेले गोरखपुर में ही 250 से अधिक शाखाओं का कार्य प्रारंभ हो गया। 1950 में नानाजी ने पहले सरस्वती शिशु मंदिर की स्थापना की। उत्तर प्रदेश में जनसंघ का प्रसार करने वाले पहले व्यक्ति दीनदयाल उपाध्याय ही थे, जिन्होंने सम्पूर्ण देश में संगठन को वैचारिक दृष्टिकोण प्रदान किया, दूसरे थे अटल बिहारी वाजपेयी, जिन्होंने अपनी वाक् क्षमता से लोगों के दिलों में जगह बनाई और तीसरे थे नानाजी, जिन्हें आयोजन और समन्वय की महारथ हासिल थी।

दूसरी ओर देखें तो जे.पी. का जीवन कुछ अलग किस्म से व्यतीत हुआ। परिश्रम उन्होंने भी किया, किन्तु अपनी शिक्षा के लिए। अमेरिका में एक छात्र होते हुए, जे.पी. ने एक गैराज में मैकेनिक के रूप में कार्य किया। बर्तन धोने, अंगूर और सब्जी बेचने जैसे छोटे-छोटे काम कर अपनी शिक्षा का खर्च स्वयं उठाया। बर्कले में फीस देने में असमर्थ होने के कारण उन्होंने विश्वविद्यालय बदल दिया, वहीं समाजवादी विचारधारा की ओर जे.पी. आकर्षित हुए। उस दौरान मार्क्स और एम.एम. रॉय के विचारों ने इन्हें विशेष रूप से प्रभावित किया। भारत लौटने के बाद कांग्रेस में शामिल होकर स्वतंत्रता संग्राम में भाग लिया। कांग्रेस में वे शामिल अवश्य हुए, किन्तु अपनी विचारधारा के अनुरूप कांग्रेस के अन्दर ही राम मनोहर लोहिया, अशोक मेहता आदि के साथ आचार्य नरेन्द्र देव की अध्यक्षता में कांग्रेस सोशलिस्ट समूह का निर्माण किया। उनके विद्रोही रवैये के कारण स्वतंत्रता संघर्ष के दौरान उन्हें कई बार गिरफ्तार किया गया। एक उल्लेखनीय घटना है - जब वे 'भारत छोड़ो आन्दोलन' के दौरान गिरफ्तार होकर हजारीबाग सेंट्रल जेल में बंदी थे, उस समय वे साहसपूर्वक जेल से फरार हो गए। अपने एक अन्य साथी योगेन्द्र शुक्ला को अपने कंधे पर उठाये-उठाये वे गया तक गए तथा भूमिगत हो गए ।

नानाजी को उनके विरोधी विचारधारा के लोगों का भी सहज सम्मान प्राप्त था। 1957 में उत्तर प्रदेश में जनसंघ की स्थापना हुई और जल्द ही उसने नानाजी के भरसक प्रयासों से एक शक्तिशाली राजनीतिक ताकत का रूप ले लिया। उत्तर प्रदेश में पहली गैर कांग्रेसी सरकार बनाने में नानाजी का ही महत्त्वपूर्ण योगदान था। वामपंथी रुझान के राम मनोहर लोहिया, कृषक प्रतिनिधि चौधरी चरण सिंह और दक्षिणपंथी माना जाने वाला जनसंघ, इन तीनों के समन्वय से बना यह बेमेल गठबंधन सरकार बनाने में सफल हुआ। उनके प्रबल विरोधी चंद्र भानु गुप्ता अकसर नानाजी को आधुनिक युग का 'नाना फड़नवीस' कहा करते थे। नानाजी ने विनोबा भावे के भूदान आंदोलन में भी सक्रिय रूप से भाग लेते हुए संपूर्ण योगदान दिया।

आपातकाल

1974, में जब देश में चारों तरफ हलचल थी, असंतोष फैला हुआ था। पहली बार भ्रष्टाचार के खिलाफ लोग सड़कों पर आए। हर मोहल्ले, गली, चौराहे पर आदर्शवादी बातें होने लगीं। लोग नैतिकता पर विचार-विमर्श करने लगे। बांग्लादेश युद्ध व उसके बाद बांग्ला देश का उद्‌भव, इस लहर पर सवार जिन इंदिरा गांधी की लोकप्रियता चरम पर थी, जयप्रकाश नारायण उर्फ जे.पी. के नेतृत्व में, वही इंदिरा गांधी निरंकुश शासन का पर्याय बन गई। सिर्फ तीन वर्षों में लोकप्रियता समाप्त हो गयी। जीवन की कठोर वास्तविकताओं ने पटना की सड़कों पर विशाल जुलूस का रूप ले लिया। वे जनता के क्रोध को एक आवाज दे रहे थे। सरकार के समक्ष जनता के विचार प्रकट कर रहे थे। उन्होंने पहले गुजरात में चिमनभाई पटेल सरकार के खिलाफ नवनिर्माण आंदोलन का नेतृत्व किया, और उसका अगला चरण था बढ़ते भ्रष्टाचार के खिलाफ, जनता और छात्रों से किया गया संपूर्ण क्रांति का आह्वान। पटना में जे.पी. जब जुलूस का नेतृत्व कर रहे थे, उस वक्त उन पर पुलिस ने क्रूरतापूर्वक लाठीचार्ज किया। पुलिस ने जयप्रकाश नारायण को अपने आक्रमण का निशाना बनाया, वे गांधीवादी स्वतंत्रता संग्राम सेनानी थे। जे.पी. पर किया गया हर प्रहार नानाजी ने अपने ऊपर झेला और उन्हें खरोंच भी नहीं आने दी। नानाजी देशमुख ने ढाल बन कर जयप्रकाश नारायण जी का साथ दिया।

रामलीला मैदान में हुई रैली के दौरान जे.पी. ने गुहार लगाई- 'सिंहासन खाली करो कि जनता आती है।' जे.पी. इस आंदोलन का चेहरा थे और नानाजी लोक संघर्ष समिति के महासचिव के रूप में संदेश भेजते, धन जुटाते और इसके हर पहलू के समन्वय का कार्य देख रहे थे। इंदिरा गांधी द्वारा लगाए गए आपातकाल के दौरान नानाजी लम्बे समय तक भूमिगत रहे। इस

दौरान नानाजी ने समाचार बुलेटिन और पर्चे प्रकाशित कर भूमिगत आन्दोलन चालू रखा। इसके अतिरिक्त आवश्यकतानुसार धन जुटाकर विरोध प्रदर्शन आयोजित किए और हिरासत में लिए गए लोगों के परिवारों की मदद करने की योजना बनाई।

कुछ समय बाद नानाजी को भी गिरफ्तार कर लिया गया, लेकिन तब तक वे पूरा नेटवर्क बना चुके थे। बाद में जब आपातकाल हटा व चुनाव हुए, तब नानाजी फिर एक बार जनता गठबंधन के रूप में सबसे आगे दिखाई दिए। नानाजी ने राजनीतिक संपर्कों के माध्यम से जनसंघ व अन्य संगठनों को मिलाकर बनी जनता पार्टी का गठबंधन बनाए रखा। नानाजी स्वयं बलरामपुर से चुनाव जीते और जनता पार्टी की जीत में अहम भूमिका निभाई। उसके बाद उन्होंने कैबिनेट मंत्री बनने से इंकार कर दिया और कहा कि संघ प्रचारक के रूप में ही कार्य करूंगा और अपना जीवन समाज सेवा के लिए समर्पित करूंगा।

अपने चित्रकूट प्रवास के दौरान नानाजी ने वहां के पिछड़ेपन, अशिक्षा और अंधविश्वास में डूबी जनता का दुःख-दर्द महसूस किया, उनके मूक रुदन के अहसास को जाना और फिर चित्रकूट का चेहरा बदलने के संकल्प के साथ वे समाज सेवा में जुट गए। इस प्रकल्प का लक्ष्य था गरीबी उन्मूलन कार्यक्रमों, कुटीर उद्योग और ग्रामीण विकास के क्षेत्र में शोध कार्य। नानाजी का घोषवाक्य था- 'हर हाथ को काम, हर खेत को पानी'। नानाजी का यह चित्रकूट ग्रामीण विश्वविद्यालय भारत का पहला ग्रामीण विश्वविद्यालय था, जिसके नानाजी पहले चांसलर थे।

दूसरी आजादी के मुक्तिदाताः जे.पी. और नानाजी

आज हमारे बीच जे.पी. और नानाजी दोनों में से कोई नहीं हैं, लेकिन उनकी विरासत हमेशा हमें प्रेरणा देती रहेगी। नाना और जे.पी. सच्चे कर्मयोगी, देशभक्त थे। इन दोनों महान कर्मयोगियों की पैदाइश तिथि समान थी, यही नहीं उनकी नियति भी एक समान थी।

अक्तूबर माह में हमारे देश की कई महान विभूतियों का जन्म हुआ था। 2 अक्टूबर को गांधीजी, शास्त्रीजी की जयंती थी। 11 अक्टूबर को जयप्रकाश नारायण और नानाजी देशमुख की जयंती थी। चारों के बीच ही परस्पर साम्य है। गांधी मानवता के वांङमय हैं तो शास्त्री उसके लघु संस्करण। जे.पी. लोकनायक हैं तो नानाजी राष्ट्रऋषि। चारों का जीवन खुली किताब, लोक के लिए समर्पित। शास्त्रीजी को छोड़कर तीनों सत्ता से अलग ही रहे। शास्त्रीजी ने बिना किसी लालच के जनता के भले के लिए सत्ता का संचालन किया। वे स्वभाव से निश्छल थे। भारतवर्ष में नहीं होते तो लोक आदर्श के प्रतिमान से भारत वंचित ही रहता। समाज में विद्यमान उच्च आदर्श पीढ़ियों को पथ से विचलित होने से बचाते हैं। रवीन्द्रनाथ टैगोर ने कहा-'जो पीढ़ी अपने पुरखों के आदर्श को भुला देती है वह रुग्ण होकर अपना अंधकारमय भविष्य गढ़ती है। पर्व संस्कृति इसीलिये रची गई है, जिससे हर क्षण न सही ऐसी विभूतियों के जीवन व मरण के दिन उनके कृतित्व व व्यक्तित्व का स्मरण कर लिया जाए।'

8 अक्टूबर जे.पी. का महाप्रयाण दिवस होता है। जे.पी. ने आजादी की लड़ाई तो भली-भांति लड़ी, लेकिन देसी गुलामी के खिलाफ लड़ते हुए खुद को होम दिया। हालांकि जे.पी. और नानाजी की वैचारिक पृष्ठभूमि

अलग-अलग थी, फिर भी दोनों के बीच सामंजस्य था। जे.पी. विज़नरी थे, नानाजी मिशनरी। दोनों ही लोकनीति के समर्थक रहे और उसे राजनीति से अधिक महत्त्व दिया। जे.पी. संपूर्ण क्रांति के उद्घोषक थे और नानाजी इसके प्रचारक। सन् 1974 के पटना आंदोलन में जब पुलिस ने लाठी चार्ज किया और लक्ष्य जे.पी. को बनाया और नानाजी ढाल बनकर उस वार को झेलते रहे। यही आंदोलन प्रधानमंत्री इंदिरा गांधी के निरंकुश शासन से मुक्ति पाने की वजह बना। नानाजी भारतीय राजनीति में कुशल संगठक थे। विपक्ष की राजनीति में नानाजी की महत्त्वपूर्ण भूमिका थी। नानाजी और जे.पी. के कार्य परिणामों पर दृष्टिपात करें, तो ऐसा लगता है कि शायद यह मिलन कुदरत का करिश्मा था। इन दोनों का पटरी और रेलगाड़ी का रिश्ता था। जे.पी. और नानाजी ने जीवन पर्यन्त एक-दूसरे का साथ निभाया।

इनकी लड़ाई में आजादी की लड़ाई अंग्रेजों से मुक्ति का मिशन ही नहीं, बल्कि लोकजागरण भी उतना ही महत्त्व रखता था। जे.पी. का यह मानना था कि गाँधीजी का विचार दर्शन और नेता जी सुभाष का नेतृत्व ही देश को सही दिशा दे सकता है। जे.पी. को आजादी के बाद से ही सत्ता के रंग-ढंग ठीक नहीं लगते थे। वे मन-ही-मन परेशान रहते थे और हमेशा इसमें बदलाव की योजना बनाते रहते थे। 1957 में ही जे.पी. ने राजनीति से अलग होकर लोकनीति को चुन लिया और इसके बाद आचार्य विनोबा भावे के भूदान और सर्वोदय आंदोलन से जुड़ गए। और फिर 1970 में उन्होंने राजनीति में पुनः वापसी की। वे राजनीतिक, आर्थिक, सामाजिक, शैक्षणिक, सांस्कृतिक, बौद्धिक और नैतिक क्रांति चाहते थे। इन सभी क्षेत्रों की क्रांति सप्तक्रांति कहलाई। बेरोजगारी और भ्रष्टाचार से युवा पीढ़ी त्रस्त थी, यही कारण था कि उनकी एक आवाज से युवा वर्ग उनके साथ खड़ा हो गया। परिणामतः सत्ता के पैर डगमगाने लगे। लाखों की संख्या में छात्रों एवं युवाओं का समूह सरकार का विरोध करने लगा। इलाहाबाद हाईकोर्ट ने जब इंदिरा गांधी के रायबरेली चुनाव को निरस्त कर दिया और उन्होंने पद त्यागने से मना कर दिया, तभी जे.पी. ने दिल्ली के रामलीला मैदान से वह ऐतिहासिक हुंकार भरी...'सिंहासन खाली करो कि जनता आती है...'।

यदि जे.पी. को नानाजी नहीं मिले होते, तो शायद जनता को आपातकाल की गुलामी से मुक्ति नहीं मिल पाती। नानाजी ने सप्तक्रांति के संगठन के साथ ही, जनता पार्टी के प्रमुख योजनाकार के रूप में कार्यभार संभाला। संघ का मनोबल और जनसंघ का नेटवर्क नहीं होता तो जनता पार्टी काँग्रेस से निकले हुए लोगों का कुनबा बनकर रह जाती। नानाजी को छोड़कर आपातकाल के दौरान गिरफ्तार किए गए सभी नेताओं को छोड़ दिया गया, लेकिन नानाजी ने कहा 'हम जेल में ही दिन काट लेंगे, चुनाव लड़ना हमारा काम नहीं व उनका कहना था..अब संघर्ष नहीं समन्वय, सत्ता नहीं अंतिम छोर पर खड़े मनुष्य की सेवा.. बस यही हमारा ध्येय है।' जे.पी. के आग्रह पर नानाजी ने चुनाव लड़ने की सहमति दी। जेल से बाहर आए, बलरामपुर से लोकसभा का चुनाव लड़ा और पौने दो लाख मतों से विरोधी पार्टी को हराकर भारी जीत हासिल की। मोरारजी ने नानाजी को उद्योग मंत्री बनाने की घोषणा कर दी, किंतु नानाजी ने यह कहकर पद स्वीकार करने से मना कर दिया कि 60 वर्ष की उम्र पार करने के बाद वे सत्ता का हिस्सा नहीं बनना चाहते। नानाजी का उद्‌देश्य शुरू से ही समाज-सेवा रहा था, इसलिए उन्होंने समाज सेवा का ही रास्ता चुना। नानाजी प्रयोगधर्मी थे, उनके प्रयासों का ही फल था, जो पं. दीनदयाल शोध संस्थान के माध्यम से समूचे देश में उनके सेवा प्रकल्प स्थापित हुए और आज विश्व-भर में आदर्श उदाहरण के रूप में दोहराये जाते हैं। नानाजी ने अपने जीते जी एकात्म मानव दर्शन और सप्तक्रांति के आदर्शों को क्रियान्वित करने के लिए विभिन्न प्रकार की बाधाओं का सामना किया और स्वयं को समर्पित कर दिया।

नानाजी और जे.पी. राजनीति व लोकनीति में साथ रहे और पुलिस के लाठी चार्ज के पश्चात दोनों साथ-ही-साथ जेल गए। इन विभूतियों में उम्र का अंतर होने के बावजूद गजब की एकता थी। नानाजी महाराष्ट्र के रहने वाले थे, लेकिन समाज सेवा के लिए उन्होंने उत्तर प्रदेश का सब से पिछड़ा जिला गोंडा चुना। वहां भी उन्होंने महात्मा गांधी का अनुसरण करते हुए जे.पी. की पत्नी प्रभावती के नाम पर प्रभावती ग्राम ही बनाया। नानाजी ने आश्रम को भी शिक्षा और रोजगार से जोड़ा। और कुछ समय बाद ही वे चित्रकूट चले गए। आज नानाजी देशमुख हमारे बीच नहीं हैं, पर कोई जन्मांध भी चित्रकूट चला जाए तो उसे उनके नाम या काम के लिए

ऐतिहासिक तत्त्वों का सहारा लेने की जरूरत नहीं पड़ेगी। वहां के लोग खास कर आदिवासियों के बच्चों के लिए लगभग प्राइमरी से लेकर स्नातकोत्तर तक की शिक्षा, भोजन और चिकित्सा मुफ्त है कम से कम तीन दशक से। इतना ही नहीं वहां के निवासियों को रोजगार के लिए तैयार किया जाता है, ताकि वे काम सीख कर खुद का रोजगार शुरू कर सकें। तमाम पिछड़ेपन के बावजूद चित्रकूट आज तरक्की की राह पर है। चित्रकूट के इस आदिवासी क्षेत्र में तरक्की के साथ शांति भी है। यह सब नानाजी के प्रयासों का ही परिणाम है। यह बात पक्की है कि अगर नानाजी देशमुख चित्रकूट न गए होते तो आज की तारीख में चित्रकूट दंतेवाड़ा से भी ज्यादा बड़े खतरनाक मोड़ पर खड़ा होता।

चित्रकूट पथरीला इलाका है। खेती भगवान भरोसे होती थी। पानी के साधन आज भी नहीं हैं कि खेतों की सिंचाई हो सके। जमींदारों का आतंक इतना कि घर से बेटी-बहन उठा ले जाते थे। और ये आदिवासी औरतें बेचारी अपना पेट पालने के लिए अपने पति के पास लौटने व भोजन के बदले अपनी देह और परिश्रम बेचती थीं। ऐसे ही अत्याचारों से ददुआ जैसे लोग पैदा होते थे। लोगों का जीना-रहना दूभर था। एक तरह से ददुआ जैसे लोगों का शासन चलता था वहां। सरकार और प्रशासन वहां नाम-भर के थे।

नानाजी देशमुख जब चित्रकूट पहुंचे थे, तो वहां का बुरा हाल था। उन्होंने यहां का नक्शा ही बदल दिया, लेकिन अब नानाजी देशमुख चित्रकूट पर विकास, रोजगार और शांति का चंदन लगा गए हैं, उन्होंने जो बदलाव, जो काम किया ना, उसे नकारना किसी कांग्रेसी, किसी जनसंघी, किसी भाजपाई, किसी आरएसएस या कम्युनिस्ट या किसी फासिस्ट के बस की बात है, नहीं। क्योंकि चित्रकूट में नानाजी ने जो शिक्षा, रोजगार, विकास और शांति का स्थापत्य किया है, वह कभी मिटने वाला नहीं है। नानाजी के काम और उनकी सेवा से प्रभावित होकर सभी दल के लोग उनसे मिलने चित्रकूट जाते थे। दलों की दूरियां वहां टूट जाती थीं। प्रधानमंत्री रहे चंद्रशेखर, नारायणदत्त तिवारी, मुलायम सिंह यादव जैसे राजनीतिज्ञ जब-तब वहां जाते ही रहते थे, और सिर्फ मिलते ही नहीं, नानाजी से अनुग्रह भी करते थे कि उनके क्षेत्र में भी कुछ ऐसा ही काम कर दें, उनके आभारी रहेंगे।

नानाजी देशमुख के कामों ने सिर्फ राजनीतिज्ञों को ही नहीं, बल्कि उद्योगपतियों को भी आकर्षित किया। चित्रकूट में उन्होंने कई संस्थान खोले और टाटा की मदद से एक आयुर्वेद शोध संस्थान भी खोला है। कई तो अपने आप में अद्‌भुत हैं। इसमें कई किस्म की जड़ी-बूटियों सहित आयुर्वेद की तमाम जरूरी चीजें भी हैं। सौ से अधिक नस्ल की तो सिर्फ देशी गाय हैं। नानाजी देशमुख ने इस संस्थान को संचालित करने में धन संबंधी बाधाओं को कभी महत्त्व नहीं दिया, यह अपने आप में काफी बड़ी बात है। 1996 में चित्रकूट में लिए गए एक इंटरव्यू के दौरान उनसे पूछा गया कि इन कामों के लिए कभी पैसे की कमी नहीं पड़ती? वह छूटते ही बोले 'कभी नहीं-कभी नहीं।' उन्होंने बताया कि वह कभी किसी से पैसा मांगने भी नहीं जाते। जिसको देना होता है, वह खुद चल कर चित्रकूट आता है। उन्होंने यह भी बताया कि कई बार हमारी संस्था को लोगों को पैसा वापस भी करना पड़ जाता है। क्योंकि हम काम से अधिक पैसा नहीं रखते। उन्होंने यह भी बताया कि उनके पास कई उद्योगपति पैसा देने आते हैं, लेकिन वे किसी की सुझाई योजना पर काम नहीं करते हैं।

आज हमारे देश में विभिन्न राजनीतिक दल हैं, जिनके तहत अनेक समाज सेवक भी हैं, लेकिन अगर नानाजी देशमुख जैसे 10 लोग भी देश में समाजसेवी हो जाएं तो देश की दशा सुधर जाएगी, भ्रष्टाचारी समाज बदल जाएगा।

●●●